성경적인 장로교회 건설을 위한 몇 가지 묵상

장로들을 통해 찾아오시는 우리 하나님

개혁신앙강해 7 | 찾아오시는 하나님 2
장로들을 통해 찾아오시는 우리 하나님

초판 1쇄 2020년 8월 25일
발 행 일 2020년 8월 31일
지 은 이 권기현 목사
펴 낸 이 장문영
펴 낸 곳 도서출판 R&F

등   록 제2011-03호(2011.02.18)
주   소 경북 경산시 하양읍 대학로 298길 20-9, 110동 2003호(하양롯데아파트)
연 락 처 054. 251. 8760 / 010. 4056. 6328
이 메 일 hangyulhome@hanmail.net
디 자 인 김진희, 박경은, 이은지

I S B N 978-89-966360-9-0
가   격 11,000원

이 도서의 국립중앙도서관 출판예정도서목록(CIP)은 서지정보유통지원시스템 홈페이지
(http://seoji.nl.go.kr)와 국가자료종합목록 구축시스템(http://kolis-net.nl.go.kr)에서 이용하
실 수 있습니다. (CIP제어번호 : CIP2020033691)

R&F (Reformed and Faith)는 종교개혁의 유산을 이어받아 개혁신앙을 바탕으로
이 땅의 교회가 바르고 건강하게 세워져 가기를 소망합니다.

성경적인 장로교회 건설을 위한 몇 가지 묵상

장로들을 통해
찾아오시는
우리하나님

권기현 목사

RnF

제가 권기현 목사님을 알게 된 것은 고신의대 소아과 교수로 재직
당시 경건회 강사로 오신 황창기 총장님을 통해서였습니다. 이를 계
기로 권 목사님은 영국으로 유학을 떠나기 전에 세계로 병원에서 성
경개론을 강의하시게 되었습니다. 1년 8개월에 걸쳐 창세기부터 요
한계시록까지 총 76번의 강의를 하셨고 그 후로도 병원 사경회와 특
강을 여러 번 인도해 주셨습니다. 성경개론 강의를 통해 저는 성경
의 새로운 세계에 눈을 뜨게 되었고, 목사님과 개인적인 친분도 나
눌 수 있었습니다. 권 목사님은 매우 온유한 분이시지만 강단에서
말씀을 전하실 때는 매우 단호하신데, 이는 성경 말씀의 절대적 권
위를 의지해서 말씀을 전하시기 때문에 그렇다고 생각합니다.

참된 선지자, 제사장, 그리고 왕이신 예수님은 지상 사역을 마치고
승천하시면서 자신의 '(그리스도의) 삼직'을 교회에 위임하셨습니다.
그리고 피 흘려 세우신 교회를 통해서 자신의 구속사를 이어가기를
원하셨습니다. 그래서 '그리스도의 삼직'을 이어받은 교회의 삼대 표
지는 말씀의 참된 전파(선지자적 사명), 성례의 정당한 집행(제사장적 사
명), 그리고 권징의 신실한 실행(왕적 사명)입니다. 이 중에서 가장 근
본적인 것은 '말씀의 참된 전파'입니다. 왜냐하면 '성례'는 이해력이

부족한 우리 인간들을 위해서 말씀을 이해하기 쉽게 '보이는 성경'으로 주신 것이고, '권징'은 말씀의 가르침을 벗어날 때 교회의 거룩을 위해 실행하는 것이기 때문입니다.

권기현 목사님의 관심은 특별히 '말씀의 참된 전파'에 있다고 저는 생각합니다. 목사님의 설교는 오로지 '성경이 무엇이라고 말씀하시는가?'에 초점을 맞추고 있기 때문입니다. 이는 성경의 무오성을 믿으며, 그 절대적 권위 앞에 순복하고자 하는 목사님의 신앙고백이기도 합니다. 장로 직분에 대하여 기록한 이 책 역시 마찬가지입니다. 이 책은 처음부터 끝까지 전부 성경 말씀으로만 가득 차 있고 목사님의 생각은 거의 들어 있지 않지만, 교회를 깊이 사랑하는 권 목사님의 애정이 곳곳에 배어 있습니다.

이 책은 2시간 정도 정독하면 읽을 수 있는 얇고 간단한 책입니다. 그러나 그 내용은 결코 얕거나 간단하지 않습니다. "장로의 직분에 대해서 성경이 무엇이라고 말하는가?" 목사님의 관심은 이 주제에 대한 성경의 증언을 밝히는 것이니만큼 그 다루는 내용 역시 만만치 않기 때문입니다. 목사님은 책의 서두를 '장로교회를 건설하는 이유'로 시작하는데, 그것은 목사님이 교파주의자라서 그런 것이 아니라 성경이 그렇게 말씀하기 때문입니다. 또한 "장로교회를 세우신 분은 하나님 아버지와 그분이 보내신 우리 주 예수 그리스도"이심을 밝힘으로써 교회는 인간의 교회가 아니라 하나님의 교회임을 분명히 하고 있습니다.

목사님이 바울 선교의 핵심을 "장로 임직"이라고 한 대목에서는 놀라움을 금할 수 없습니다. 특히 장로 임직은 바울 선교의 목표인 동시에 그 선교 지역을 떠나 다른 곳으로 가는 조건이라는 지적은 매우 뛰어난 통찰이라고 생각합니다. 또한 이 책은 예수님이 신약시대 최초의 장로이시며, 우리 "영혼의 목자와 감독"이심을 증거합니다. 하늘에 계신 장로 예수 그리스도께서는 인간 장로들의 말씀과 치리 사역을 통해 지금도 교회를 돌보시고, 온갖 거짓 복음으로부터 교회를 지키고 계신다는 대목에서는 교회의 신적 기원을 다시 한번 확인했습니다.

장로 직분은 상하관계가 아니라 동등하다고 하면서 교권주의를 경계하고 상호 존중과 겸손을 강조하는 대목은 정말로 공감이 되었습니다. 우리 시대의 교회가 직분론에 있어 성경의 원리로부터 얼마나 심하게 왜곡되어 있는가를 깨닫게 되었기 때문입니다. 예수님은 교회를 바른 말씀의 터 위에 세우셔서 자신의 구속사를 진행하시기를 원하지만, 사탄 역시 교회를 말씀의 원리로부터 변질시켜 예수님의 구속사를 방해하려고 하는 것 같습니다. 오늘날 교권주의에 함몰된 세속화된 교회들의 소식을 자주 접하게 되는데, 이는 교회를 훼방하는 사탄의 전략 때문이라고 생각합니다. 모든 직분이 동등하지만 성경은 모든 장로들보다 더 높고 더 큰 권위를 가지고 계신 수 장로이신 예수님이 계심을 말씀합니다. 지금도 하늘 보좌에서 교회를 다스리시며, 말씀과 성례로 그들을 먹이시는 수 장로님께 모든 인간 장로들은 잠잠히 순복하여야 하겠습니다.

요사이 논란이 되고 있는 여성 임직과 관련해서도 이 책은 중요한 통찰을 제공하는데, 여성 임직은 인권의 문제가 아니라 성경 주해의 문제로 접근해야 함을 지적합니다. 선교에 관해서도 '성경적인 선교'는 장로 직분과 불가분의 관계에 있음을 말하고 있는데 이 지적은 참으로 놀랍습니다. 선교는 복음이 전파되지 않은 지역에 "장로들의 회(會)"를 통해서 공교회를 건설하는 사역이기 때문에 그렇습니다. 마태복음 28장의 대위임령도 말씀과 성례 사역을 통해 교회를 건설하라는 명령으로 해석하고 있습니다. 아울러 바울과 바나바가 선교 현장에서 말씀과 성례 사역을 통해 교회를 세울 때 각각의 교회가 장로들을 택한 이유도 밝히고 있는데, 이 일을 맡아 수행하는 기관이 바로 "장로들의 회(會)"이기 때문에 그렇다는 것입니다. 이런 말씀들은 선교의 궁극적인 지향점을 분명히 하는 것이라고 생각합니다.

이 책은 또한 장로 임직의 중요성을 강조하는데, 장로 임직은 하나님께서 성령 받은 성도와 교회에게 위임하신 놀라운 특권인 동시에 무거운 언약적 책임이기 때문입니다. 장로는 말씀과 성례 사역의 책무가 있으며 이 사역에 기초하여 심방으로 성도들의 영적 상태를 돌보며, 이 언약의 책무는 하나님과 교회 앞에서 공적인 서약을 함으로써 짊어지게 되는 것으로 설명하고 있습니다. 장로들의 회(會)에서 받은 안수로 인해 장로는 복음 안에서 자유인인 동시에 복음에 의해 묶인 직분자가 되는 것이니, 장로를 세울 때 신앙과 삶에 대한 엄정한 검증은 교회 타락을 예방하는 중요한 일이 될 수밖에 없습니다. 직분자를 세울 때 말씀의 원리가 아니라 세상의 원리로 세우는 일이 많은 현 세태에 이 말씀은 중요한 지침이 될 것이라고 생각합니다.

이 책을 읽어보면 예수님이 교회를 얼마나 사랑하시는지, 그리고 그 사랑하시는 교회를 위해서 세우신 장로의 직분이 얼마나 중요한

지를 새삼 깨달을 수 있습니다. 반면에 예수님이 사랑하시는 교회를 잘 섬기라고 장로의 직분을 주셨는데, 우리들의 무지와 나태와 불순종으로 인해 교회를 충성스럽게 섬기지 못한 죄책감도 크게 느끼게 됩니다. 직분에 대한 말씀의 원리를 좀 더 일찍 알았더라면 하는 아쉬움이 큽니다. 다행히 이번에 성경을 너무너무 사랑하시고, 그 말씀의 권위에 순복하기를 즐겨하시는 권 목사님께서 장로 직분에 관한 귀한 성경의 원리들을 책으로 펴내 주셨습니다. 저는 한국 교회의 모든 장로님들이 이 책을 가지고 열심히 읽고, 공부하고, 이 말씀의 원리에 따라 주님의 몸 된 교회를 바르게 섬기시면 좋겠습니다. 또한 가르치는 장로나 다스리는 장로가 동역자로서 서로 존중하고 협력하여 하나님이 기뻐하시는 교회를 이루어가면 좋겠습니다. 장로를 세울 때, 이 책의 원리들을 성도들에게 가르쳐서 말씀의 원리에 부합하는 그런 신앙의 인물들을 세우면 좋겠습니다. 이 책이 한국 교회가 말씀의 원리에 따라서 직분자를 세우는 새로운 풍토 조성에 크게 도움이 되기를 소망해 봅니다.

정현기 現 거제교회 시무장로, 前 고신대총장, 前 세계로 병원장

'교회에서 제일 부끄러운 사람은 누구일까?'

이번 권기현 목사님의 책을 읽으며 내내 떠나지 않았던 질문이었습니다.

선한 것이라고는 한 터럭도 없는 저에게 하나님께서는 참으로 많은 은혜를 베풀어 주셨습니다. 좋은 목회자를 만나게 하심은 그 큰 은혜 중 하나입니다. 특별히 저는 우리 교회에서 목회하시는 강현복 목사님과 로뎀장로교회에서 목회하시는 권기현 목사님을 학생 시절부터 지금까지 함께 교회로 만나 교제하는 복을 누리고 있습니다. 두 분을 통해 성경에서 말씀하는 보편 교회관과 하나님께서 직분을 통해 교회의 통치를 어떻게 이루어 가시는지를 배울 수 있었고, 이 땅 위에서 현재를 살아가는 하나님의 백성으로의 가치를 배울 수 있었습니다. 이러한 가르침 위에서 모든 면에 미천한 제가 (한국의 정서에서는) 비교적 젊은 나이에 교회의 직분자로 세움 받았습니다. 그리고 이제 참 교회의 직분자가 되는 것이 얼마나 영광스러우며 힘든 일인지 짧은 경험을 통해 깨닫고 있습니다.

마태복음 28:19~20의 말씀이 순간순간 저의 마음과 삶을 누릅니다. "삼위 하나님의 이름으로 세례를 주고(성례의 시행), 모든 것을 가르치면서(말씀 선포), 제자(교회 건설)를 삼으라"는 명령이 철심으로 꾹꾹 눌러쓴 유언처럼 새겨졌습니다. 성례의 시행과 하나님의 말씀으로 제자를 삼을 수 있는 유일한 기관은 바로 '교회'이며, 그것이 직분에게 주어진 가장 큰 사명임은 제가 이 책을 통해 배운 큰 깨달음입니다. 특히 예배를 통해 말씀과 성례가 한 자리에서 한 무리에게 시행됩니다. 이를 위해 목사와 장로가 부름 받았다는 가르침 앞에서 한없이 겸손해집니다.

'가르치는 장로'인 '목사'는 전심전력으로 말씀을 연구하고 가르쳐야 합니다. '다스리는 장로'는 심방을 통해 성찬에 참여할 성도들이 주신 말씀을 얼마나 잘 이해하고 자신의 삶에 어떻게 적용하고 있는지를 살펴 거룩한 성찬을 지키며 시행해야 합니다. 이러한 장로에 대한 성경적 가르침은 저를 두렵고 떨리게 합니다.

교회의 모든 직분은 결코 명예직일 수 없고, 예배를 보존하고 교회를 세우는 역할을 하는 실질적 봉사이어야 합니다. 이런 실질이 없는 직분은 교회를 무너뜨릴 뿐입니다. 모든 직분자는 이 가르침 앞에서 절대 자유 할 수 없습니다. 저 역시 마찬가지입니다. 저의 사역이 교회를 죽이는 것이 아니라 살리는 봉사이기를 소망합니다.

선한 것이라고는 한 터럭도 없는 우리에게 독생자를 십자가에 내어주심으로 구원을 누리게 하신 은혜의 하나님. 이 하나님께서 은혜로 직분자를 세우셨음을 기억합니다. 그러니 직분 맡음에 자랑이 결코 자리할 수 없다는 교훈을 가슴에 새깁니다.

장로의 직분은 인간의 필요에 의해 만들어낸 것이 아닌, 하나님의 계시에 의해 성경에 기록된 것으로, 예수님께서 그 계시를 통해 장로의 직분을 친히 시행하셨습니다. 이처럼 장로직의 표본이 예수 그리스도라는 가르침은 직분자들의 눈이 어디를 향해야 하는지 깨닫게 하십니다. 우리의 진정한 수 장로이신 예수님의 사역을 본받으려는 몸부림이 진정한 장로의 자세임을 오래도록 기억하겠습니다.

많은 교회에서 목사와 장로 사이의 불화로 인해 크고 작은 문제들이 야기되고, 이로 인한 피해는 선량한 그의 자녀가 받는 것을 보게 됩니다. 이러한 사실을 생각하면, 함께 직분자로 부름 받은 분들과 화목하기를 위해 부지런히 노력해야겠다고 다짐합니다.

한국 교회의 많은 성도들이 이 책을 읽기를 소원합니다. 이 책을 읽으며, 장로의 사역을 통해 찾아오시는 예수 그리스도의 사랑을 깨달아 가길 원하며, 하나님의 바른 통치가 실현되는 교회가 얼마나 아름다운지를 알아가길 원합니다.

장로 초년생인 저는 날마다 부족함을 느낍니다. 그래서 늘 부끄럽고 죄스러울 뿐입니다. 하나님 오늘도 저를 도와주옵소서.

김성훈 샘터교회 장로

목차

서 문

| 소원

"지금 소원이 있다면?"

누군가 제게 묻는다면 단연코 이렇게 대답할 것입니다.

"잠을 실컷 자고 싶습니다."

목사로 임직한 1999년 봄부터 지금까지 (유학 기간을 제외하고) 단 한 번도 바뀐 적 없습니다. 그 이유는 단순합니다. 장로의 업무가 그만큼 과중하기 때문입니다. 그렇다고 해서 저보다 더 많이 주무시는 다른 분들을 폄훼할 생각은 추호도 없습니다.

| 목회자

일반적으로 목사님들께 '장로'라는 표현을 사용하면 그리 달가워하지 않습니다. 그러나 목사 역시 장로라는 사실은 분명합니다. 성경은 다스리는 장로와 가르치는 장로가 있다고 명시합니다.

> "잘 다스리는 장로들을 배나 존경할 자로 알되 말씀과 가르침에 수
> 고하는 이들을 더할(필자 주: 최상급) 것이니라"(딤전 5:17)

오늘날 말씀 사역자들을 전임full-time과 비전임part-time 사역자로 구분하는 것이 일반화되어 있습니다. 그러나 엄밀한 의미로 다스리는 장로와 집사가 비전임 사역자입니다. 이들은 자신의 생업에 종사하면서 따로 시간을 내어 직무를 수행하기 때문입니다. 반면, 모든 말씀 사역자는 교회에 자신의 삶이 완전히 속박되어 있습니다. 근무 시간이 정해져 있다 하더라도 그는 이 직무를 위해 자신의 인생 전부를 바친 사람입니다. 그는 교회의 말씀 사역에 속박된 자유인입니다. 죄의 종slave에서 해방되어 말씀의 종servant이 된 자유인입니다. 이런 점에서 (모든 직분이 동등함에도) 디모데전서 5장 17절 말씀대로 목사는 가장 큰 존경을 받아 마땅합니다. 목사 자신 때문이 아니라 직분과 그에 따른 직무의 특성 때문입니다.

성경은 모든 장로들을 양무리의 목자로 간주합니다(벧전 5:1~4). 예수님은 목자들의 우두머리 즉 목자장이십니다. '장로들의 회(會)'인 당회와 노회는 목자회(牧者會)입니다. 사랑과 긍휼이 넘치는 목자들의 모임입니다. 호시탐탐 습격을 일삼는 이리떼, 그리고 직무유기가 일상인 삯꾼들로부터 양무리를 지키는 참 목자들의 모임입니다. 이런 관점에서 볼 때, 목사뿐 아니라 다스리는 장로 역시 목회자(목자)입니

다. 다스리는 장로들은 비전임 목회자이며, 가르치는 장로인 목사는 전임 목회자입니다.

| 전임 목회자

목사는 전임 목회자이므로 하나님께서는 교회가 그의 생활비를 지원하도록 하셨습니다. 이는 성경에 근거한 명령입니다.

"모세 율법에 곡식을 밟아 떠는 소에게 망을 씌우지 말라 기록하였으니 하나님께서 어찌 소들을 위하여 염려하심이냐9 전혀 우리를 위하여 말씀하심이 아니냐 과연 우리를 위하여 기록된 것이니 밭 가는 자는 소망을 가지고 갈며 곡식 떠는 자는 함께 얻을 소망을 가지고 떠는 것이라10 우리가 너희에게 신령한 것을 뿌렸은즉 너희 육신의 것을 거두기로 과하다 하겠느냐11"(고전 9:9~11)[1]

"잘 다스리는 장로들을 배나 존경할 자로 알되 말씀과 가르침에 수고하는 이들을 더할 것이니라17 성경에 일렀으되 곡식을 밟아 떠는 소의 입에 망을 씌우지 말라 하였고 또 일군이 그 삯을 받는 것이 마땅하다 하였느니라18"(딤전 5:17~18)

---

1) 고린도전서 9장에서의 "소"와 "우리"는 사도를 가리킵니다. 바울은 예수님께서 열두 사도(마 10:10)와 칠십 문도(눅 10:7)에게 하신 말씀을 고린도전서 9장에서 사도인 자신에게 적용합니다. 그다음, 디모데전서 5장에서는 이를 말씀과 성례와 권징의 직무를 맡은 장로 특히 목사에게 적용합니다.

"제11조. 적당한 생활비

회중을 대표하고 있는 당회는 그 교회의 목사들을 위해 적당한 생활비를 제공해야 한다."(도르트 교회 질서)

이 개혁교회 질서에 대해 고(故) 허순길 박사는 다음과 같이 설명합니다.

"… 목사가 충분한 생활비를 받지 못하면 스스로 생활비를 보충하기 위해 다른 일을 해야 한다. 이렇게 되면 그는 가장 중요한 목사의 직책을 수행하기 위해 그의 모든 시간과 정력을 기울이지 못하게 될 것이다. 이는 교회의 영적 안영(安榮)에 큰 손해를 가져올 수밖에 없다.
… 목사가 생활비를 보충하기 위해 사무실에서나 공장에서 일하는 것이 그의 권위를 떨어뜨리는 일은 아니다. … 목사가 일반 사람이 하는 일을 하는 것이 결코 불명예는 아니다. 하지만 이것은 전혀 바람직하지 않다. 목사는 그의 모든 시간과 생각과 정력을 영광스런 복음 사역에 쏟아야 한다. 그런고로 교회는 목사가 생활비를 보충하기 위해 그의 소명의 자리를 떠나지 않게 충분히 돌보아야 한다."[2]

성경에 근거한 이 원리 때문에, 장로교회는 목사를 청빙할 때마다 노회 앞에서 개체 교회가 그에게 제공할 생활비와 편의를 명시합니다. 이는 하나님 앞에서의 엄숙한 서약입니다. 목사가 돈을 탐해서는 안 됩니다(딤전 3:3; 딛 1:7; 벧전 5:2). 동시에 교회는 목사가 전임 사

---

2) 허순길, 『개혁교회 질서 해설: 도르트 교회 질서』(고양, 경기도: 셈페르 레포르만다, 2017), 174~175.

역자로서 마음껏 봉사하도록 환경과 편의를 제공해야 합니다. 목사의 봉사는 그가 교회로부터 받는 생활비보다 훨씬 큰 가치를 창출합니다. 그가 전하는 말씀은 믿음을 생성하여 영혼의 구원과 육신의 부활을 담보하기 때문입니다. 목사는 신령한 것을 교회라는 밭에 뿌리고, 교회는 목사에게 육신의 것을 제공합니다. 목사는 교회에게 이 원리를 가르쳐야 합니다. '중이 제 머리 못 깎는다'라는 식의 논리는 목사의 직무와 생활비를 세상의 기준으로 깎아내립니다.

목사는 전임 사역자이므로 그만큼 업무가 과중합니다. 양적 · 질적 · 시간적으로도 그러하지만, 무엇보다도 한낱 죄인에 불과한 그가 거룩하신 하나님의 양무리를 책임지고 있다는 그 자체로 과중합니다.

| 개체 교회를 위한 직무

일반적으로 목사는 전업 작가보다 더 많은 글을 씁니다. 목사 혼자 시무하는 교회의 경우, 주일 두 번의 예배와 수요기도회만 해도 A4 기준으로 연간 약 1,000매의 글을 작성합니다. 이를 원고지로 환산하면 7,000~8,000매입니다. 새벽기도회를 매일 인도하는 목사라면…. 제가 봉사하고 있는 교회에는 새벽기도회가 없습니다. 그 대신, 초등학생 이상 모든 교인은 매일 성경을 3장 이상 읽고 공지에 따라 기도해야 합니다. 그리고 매주 이를 확인합니다. 전 교인이 이를 생활화하기까지 약 3년이 걸렸습니다. 저는 다른 목사님들에 비해 그나마 업무가 적은 편이라고 생각합니다.

목사가 주일에만 일하고 생활비를 받으니 참 편한 직업군에 속한다고 여기는 그리스도인들을 종종 만납니다. 자신들이 얼마나 힘든 생활을 하는지 목사가 어찌 알겠냐고 생각하는 분들도 꽤 많습니다. 그러나 일하는 시간과 업무량만을 따지면 전 세계의 모든 직업 중에서 목사보다 고된 일을 하는 사람이 그리 많지 않습니다. 신학교에서 배운 대로 설교 한 편을 작성하려면 하루로 부족합니다. 목사는 다른 사람들이 보지 않는 가운데서도 끊임없이 일해야만 정상적인 준비 과정을 거친 설교 원고를 작성할 수 있습니다.

그래서인지 설교 원고를 작성하지 않는 목사님들을 많이 만났습니다. 글을 쓰지 않아도 하나님께서 즉석에서 가르쳐주신다고 하는 분들도 만났습니다. 물론 어마어마한 재능을 타고난 분들도 계시리라 생각합니다. 그러나 설교 원고를 작성하지 않는 이유는 대부분 바쁜 일정과 게으름 때문입니다(부끄럽지만 저 역시 여기서 자유롭지 못합니다). 입으로는 성령님의 인도를 말하지만, 실제로는 자신의 언변을 더 신뢰하기 때문입니다. 성경공부를 함께 하고 싶다고 연락하거나 찾아온 목사님들을 많이 만났습니다. (저의 경험을 일반화할 수는 없지만) 설교 준비를 어떻게 하는지 물으면 Q.T.나 메모 수준으로 작성하는 분들이 많았습니다. 그러면 설교는 선포가 아니라 본문을 읽고 목사가 받은 느낌으로 전락합니다. 설교 시간은 목사가 받은 느낌이나 은혜를 나누는 자리가 아닙니다. 모든 회중이 반드시 들어야 할 왕의 포고문입니다. 살아계신 하나님의 말씀의 현장입니다.

"귀 있는 자는 성령이 교회들에게 하시는 말씀을 들을찌어다"(계 2:7; 참고. 계 2:11,17,29; 3:6,13,22)

성령 하나님께서는 목사의 설교 준비를 통해 그를 훈련하십니다. 성령의 능력과 역사를 강조하면서도 정작 설교 준비에 시간을 할애

하지 않는 목사는 자신이 정말 성령 하나님을 신뢰하고 있는지 돌아보아야 합니다. 목사는 설교 준비만 성실히 해도 상당한 신학 수준에 오를 수 있습니다. 연간 1,000매 이상의 글을 쓰는데도 작문 실력이 향상되지 않는다면 이상한 일입니다. 성경을 반복하여 읽고 또 읽습니다. 엎드려 기도하고 또 기도합니다. 신학 서적을 참고합니다. 그런데도 발전이 없다면 그 사람은 목사로서의 은사와 재능이 없는 사람입니다. 자신의 진보가 온 교회 앞에 나타나게 하는 것은 목사의 책무 중 하나입니다. 교회는 이를 위해 목사가 연구할 시간과 편의를 제공해야 합니다.

> "이 모든 일에 전심전력하여 너(필자 주: 디모데)의 진보를 모든 사람에게 나타나게 하라"(딤전 4:15)

목사는 이 외에도 많은 일을 합니다. 저의 경우, 매주 8~10개의 모임을 인도합니다. 주일 두 번의 예배와 수요기도회, 교리문답 1반(설교 경청 점검, 교리와 교회 질서, 생활 점검)과 2반(설교 경청 점검, 성경 역사), 고신 총회가 권장하기로 결의한 시편 찬송 지도, 신앙고백 강독과 해설, 성경 강의, 등록 교육, 직분자 모임(심방 보고와 지도, 기도회) 등입니다.

그 외에도 주일 저녁과 수요기도회 후에는 상담을 요청하는 성도들이 거의 언제나 있습니다. 목사는 서로 다른 수많은 상황과 문제들을 가지고 오는 성도들을 만날 준비가 되어 있어야 합니다. 어떤 때는 책망하여 교정해야 하고, 또 어떤 때는 가만히 들어주는 것만으로도 치유가 됩니다. 이를 위해서는 지혜와 분별, 사랑과 인내가 필요합니다. 성령의 도우심이 없이는 불가능한 직무입니다.

당회가 아직 조직되지 않은 교회의 심방의 무게에 대해서는 상세히 언급하지 않겠습니다. 저와 성도들은 로뎀장로교회에 신실한 장로들이 세워져 당회가 조직되기를 소망하며 기도합니다.

| 그 외 공교회를 위한 직무

목사는 개체 교회를 목회하는 것 외에도 공교회의 보존과 진보를 위해 노력해야 합니다. 그중 하나는 노회에 참석하는 일입니다. 장로교회는 당회뿐 아니라 노회를 치리회로 여깁니다. 어느 한 개체 교회의 장로가 이유를 밝히지 않고 당회에 불참하는 것은 직무유기입니다. 마찬가지로 어느 한 노회원이 이유를 밝히지 않고 노회에 불참하는 것 역시 직무유기입니다. 결석계와 조퇴계를 제출하고, 서기가 전체 노회원들에게 이를 알리는 이유는 노회 참석이 공적 직무이기 때문입니다. 저는 개혁신앙을 강조하면서도 정작 노회에 무관심한 분들을 꽤 많이 만났습니다. 어떤 분은 연락 없이 불참합니다. 또 어떤 분은 잠시 참석한 후 말없이 사라집니다. 이는 개혁신앙의 근간을 흔드는 행위입니다.

노회에 총대로 참석한 개체 교회의 목사와 장로는 특권층 또는 고위관료가 아닙니다. 그들은 교회의 보냄을 받은 사람들입니다. 동시에 장로들의 회(會)의 소집령을 받은 회원들입니다. 노회의 중요한 결의는 총대 목사와 장로들만의 전유물이 아닙니다. 그들은 자신을 보낸 교회로 돌아가 회중 전체가 그 결의를 알도록 보고해야 합니다. 그 결의 중에는 교리표준과 관련한 것도 있고, 관리표준과 관련한 것도 있습니다. 회중이 이 결의를 듣고 순복해야 노회 안의 교회들이 신앙의 일치로 연합할 수 있습니다. 흉악한 이리떼(이단)가 침

입하지 못하고, 삯꾼 목자들이 양을 혹사하지 못합니다. 교회 질서
가 화평 중에 이루어집니다. 하나님께서 당회에 부여하신 권위에 교
인들이 복종합니다. 노회의 임원으로 선출된 목사와 장로에게는 공
교회를 위한 직무가 더해집니다. 자신이 봉사하는 개체 교회의 일이
아니어도 공교회를 위해 이 직무를 신실하게 수행해야 합니다. 임원
외에도 각 위원회나 기타 상설 부서에 속한 모든 목사와 장로들 역시
그러합니다.

16세기 개혁자 츠빙글리는 취리히에 '프로페차이Prophezei'라는 모임
을 만들었습니다. 목사들이 성경 원어와 여러 역본들을 가지고 해석
하고 적용하는 일종의 성경과 신학 연구 모임입니다. 한 세대 후의
개혁자 칼빈은 제네바에 '콩그레가시옹congrégation'이라는 모임을 만
들었습니다. 목사들의 주간 성경공부와 토론 모임인데, 일반 성도의
참관이 허용되었습니다. 이후 영국의 청교도들은 츠빙글리와 칼빈이
했던 것과 유사한 성경공부 모임을 자주 했습니다. 목사들의 설교를
듣고 서로 토론하는 모임이었는데, 이를 '예언하기Prophesying'라 불렀
습니다. 청교도들의 이 모임은 잉글랜드 최초의 장로회 탄생에 기여
했습니다. 목사 혼자서도 신학을 수련하고 성경을 묵상해야 하지만,
동시에 함께 모여 신학의 진보를 추구하고 경건을 훈련해야 합니다.
교회는 목사 개인의 연구와 묵상을 후원할 뿐 아니라 목사들이 함께
모여 가르치고 배우는 모임을 충분히 갖도록 후원해야 합니다. 목사
역시 당회와 회중 모르게 그런 모임에 참석하면 안 됩니다. 이는 목
사의 개인 활동이 아닙니다. 공교회를 위한 직무입니다.

저 역시 (아직 제대로 기여한 것이 없지만) 총회성경연구소에서 교
육위원장이란 직무를 맡고 있습니다. 교수와 목사들로 구성된 성경
연구원의 연구회원으로 있습니다. 그 외에도 매년 봄과 가을에 목사

들을 대상으로 성경 세미나를 인도합니다. 매달 몇 분의 목사님들과 1박 2일간 신학과 성경 연구 모임을 합니다. 지난 몇 년간, 교단 언론사에 성경 관련 원고를 연재해오고 있습니다. 매년 또는 격년으로 서로 다른 세 나라에서 성경 세미나를 인도해야 합니다. 그런 중에 출간을 위한 집필 작업을 해야 합니다. 이 모든 것은 목사 개인의 활동이 아니라 공교회를 건설하기 위한 직무입니다.

| 다스리는 장로와 집사의 노고

비전임part-time 사역자인 다스리는 장로와 집사 역시 큰 짐을 지고 있습니다. 성도들은 집사의 심방 외에도 장로들의 심방을 받아야 합니다. 이는 성찬으로 이어집니다. 목자이신 예수님은 양을 아십니다. 양들도 그분을 압니다. 하늘에 계신 예수님께서 제게 이 목자 직분을 맡기셨기 때문에 저도 양들을 알아야 합니다. 양들도 저를 통해 목자이신 예수님을 알아야 합니다.

> "나는 선한 목자라 내가 내 양을 알고 양도 나를 아는 것이[14] 아버지께서 나를 아시고 내가 아버지를 아는 것 같으니 나는 양을 위하여 목숨을 버리노라[15]"(요 10:14~15)

그러나 제가 봉사하는 교회에는 아직 다스리는 장로가 없습니다. 저 혼자 매주 성도들을 심방하는 것이 불가능합니다. 30대 시절 그렇게 해보니 설교 준비할 시간을 도저히 확보할 수 없었습니다. 당회가 없는 교회의 목사는 견제 세력이 없으니 스스로 편하다고 생각해서는 안 됩니다. 목사 홀로 양들의 영적 상태를 알고 돌보는 무게는 실로 어마어마합니다. 이 때문에 제가 봉사하는 교회는 서리집사들이 많은 짐을 짊어지고 있습니다(이에 대해서는 일일이 열거하지 않겠습니다). 그들이 함께 짐을 져야 제가 양들의 영적 상태를 알고 지도할 수 있기 때문입니다. 장로의 자리를 침해하지 않으면서도 함께 짐을 지려면 지혜와 분별이 필요합니다. 목사인 저는 교회로부터 생활비를 받습니다. 그러나 이들은 아무런 재정적인 보상을 받지 않고도 충성합니다. 오히려 자신의 시간뿐 아니라 물질까지도 주님의 교회를 위해 내놓고 헌신합니다. 그래서 저는 이분들을 생각할 때마다 눈물이 납니다. 이들의 헌신과 봉사 없는 저의 목회를 상상조차 할 수 없습니다.

언젠가는 우리 교회에도 당회가 구성될 것입니다. 그때 세워질 다스리는 장로들 역시 그렇게 헌신하지 않겠습니까? 성도들은 당회원들과 집사들이 흘린 눈물과 땀, 그리고 쏟은 시간을 먹고 자랍니다. 그래서 우리가 그리스도를 본받은 자 된 것 같이 그들 역시 우리를 본받는 자가 될 것입니다.

| 소망
어떤 이들은 직분에 관한 책을 사서 읽고 나서 이렇게 생각할 것입니다.

'나는 이제 목사가 뭔지 알았어. 장로가 어떤 직분인지 이제 잘 알아.
집사는 이런 것이지.'

그러나 저는 로뎀장로교회 성도들과 이 책을 읽는 독자들이 다른 꿈을 가지면 좋겠습니다. 한 교회가 새들이 깃드는 푸른 나무로 자라기 위해 얼마나 많은 헌신과 희생이 필요한지 알면 좋겠습니다. 유아세례를 받은 언약의 자녀가 교리문답반과 공적 신앙고백(입교)을 거쳐 전사(戰士)가 되기까지 어머니인 교회와 직분자들이 얼마나 많은 눈물을 흘리는지 알면 좋겠습니다. 그래서 이 나무를 위해 자신을 거름으로 드리는 꿈을 꾸면 좋겠습니다.

| 고마운 사람들

한평생 잊지 못할 신앙의 선배 세 분의 성함을 조심스럽게 적습니다. 이승도, 정현기, 오정섭 세 분입니다. 저는 약 1년 반 정도 이분들을 매주 만났습니다. 그러나 그 기간 서로 대화한 적은 몇 번 되지 않습니다. 저는 매주 강의했고, 이분들은 한결같은 모습으로 앉아 제 강의를 들었습니다.

30대 초중반, 시골에서 목회하던 제게 전화가 왔습니다. 전화한 분은 고신대학교 의학과 교수이자 한 교회의 장로였습니다. 제가 존경하는 은사이자 당시 고신대학교 총장으로 계시던 황창기 교수님으로부터 소개를 받았다고 했습니다. 그분이 속한 교회의 남전도회 헌신예배 설교를 맡았습니다. 다시 연락을 받았습니다. 부산 의료선교회Medical Mission Fellowship Busan Korea에서 성경 강의를 해달라고 부탁받았습니다. 몇 번 거절한 후 수락했습니다. 다시 연락을 받았습니다. 매주 성경 강의를 해달라고 부탁받았습니다. 도무지 가르칠 실력도, 자신도, 시간도 없어 거절했습니다. 3년 정도 거절했는데, 다시 부탁받았습니다. 마침내 수락했습니다. 영국으로 유학을 떠나기 바로 직전까지 1년 반 동안 매주 부산 세계로병원에서 성경을 강의했습니다. 그 사이 제게 부탁한 이분은 고신대학교 총장이 되었습니다. 부도가 나서 관선이사가 파송된 가운데서도 매주 강의 시간에 참석했습니다. "목사님, 제가 지금 건강이 너무 안 좋아 피곤해하더라도 이해해주십시오." 이렇게 말하면서도 언제나 강의 시간이 되면 자리를 지켰습니다. 죄송함을 무릅쓰고 이 책의 추천사를 부탁드렸습니다. 장로에 대한 글이니 추천사를 장로가 써야 한다는 핑계로 부탁드렸습니다. 정현기 장로님께 고마움을 표합니다.

저는 어릴 때부터 고신교회에서 자랐습니다. 일제강점기에 신사참배를 반대한 사람들이 주축이 되어 해방 후 고려신학교가 세워졌습니다. 교회의 표지를 바르게 세울 목사를 양성하기 위해서입니다. 신학생들을 계속 가르치기 위해서는 교수 요원이 필요했습니다. 나이는 서로 다르지만, 고려신학교 5회 동기인 홍반식, 이근삼, 오병세 이 세 분이 유학을 다녀와 교수가 되었습니다. 저는 교회가 그들의 사역을 위해 기도하는 음성을 듣고 자랐습니다. 제가 고려신학대학원에 입학한 1991년 두 분은 이미 은퇴하셨고 오병세 박사님만 계셨습니다. 저는 그분의 강의를 단 한 과목, 한 학기만 들었습니다. 목사가 된 후 정현기 장로님을 만나니 오병세 박사님의 맏사위였습니다. 제가 세계로병원에서 강의할 때, 장로님과 함께 단 한 번도 결석하지 않고 누구보다 집중하여 강의를 듣는 분이 계셨습니다. 말씀을 사모하여 단 한 마디라도 놓치지 않으려는 그 눈빛을 잊을 수 없습니다. 그 후로도 그분은 지금까지 한결같은 마음으로 저를 대해주셨습니다. 오 박사님의 딸이자 정 장로님의 부인인 오정섭 권사님께 감사를 표합니다.

영국으로 유학을 떠나기 며칠 전, 전화를 받았습니다. 오 박사님의 호를 따서 지은 '한석장학재단'에서 제게 아무런 조건 없이 장학금을 지원해주었습니다. 그것도 며칠 간격으로 두 번의 장학금을 받았습니다. 저는 오병세 박사님을 위해 기도하는 음성을 들으면서 자랐고, 그의 강의를 들었으며, 이제는 제가 그의 딸과 사위에게 강의하는 과분한 은혜를 받았습니다.

세계로병원에서 강의할 때, 언제나 맨 앞자리에 앉아 조용히 집중하던 인자한 얼굴을 잊을 수 없습니다. 이승도 장로님입니다. 그 어떤 말보다 품행으로 본을 보여주셨습니다. 깊고 많은 성경 지식을 가졌지만, 어린아이처럼 새롭게 듣고 필기하고 마음에 새기는 자세가 너무나도 인상적이었습니다. 매주 제가 강의했지만, 매주 제가 그분께 배웠습니다. 언젠가 로뎀장로교회에 임직할 장로 역시 이분을 닮으면 좋겠습니다.

저는 신앙의 후배 한 사람을 기억합니다. 이 책의 추천사를 쓴 또한 사람의 장로 김성훈 형제입니다. 그는 로뎀장로교회와 같은 길을 걷고 있는 샘터교회의 첫 교인이기도 합니다. 20년 전, 병상에서 일어난 강현복 목사가 제게 한 사람의 청년과 함께 개척을 시작했다고 했습니다. 이 청년은 황무지에서 첫 싹으로 돋아나 당회의 첫 열매가 되었습니다. 샘터교회는 다시 로뎀장로교회를 심었고, 우리는 큰 나무가 되기 위해 자라는 중입니다. 성훈 형제가 죽는 날까지 변치 않고 이 길을 함께 걸어가길…. 우리는 다시 거름이 되어 새로운 나무에 꽃을 피우고, 열매를 맺을 것입니다.

재작년 가을부터 작년 초까지 멈추지 않는 기침으로 인해 큰 숨 한 번 쉬기 힘들 때, 저의 건강을 위해 모든 배려를 아끼지 않은 로뎀장로교회 성도들의 사랑을 기억합니다. 성도들의 사랑과 기도로 인해, 저는 깊은 잠을 자는 휴식을 취할 수 있었습니다. 2019년 6월 중순부터 시작된 몇 주간의 휴식이 이 글을 완성한 동력이 되었습니다.

목자가 양을 사랑하여 목숨을 버리는 것이 마땅한데, 오히려 양무리의 깊은 사랑을 받았습니다. 저의 인생은 그리스도의 것이지만, 동시에 성도들의 것입니다. 아버지의 아들이신 그리스도께서 자신을 교회에게 주신 것과 마찬가지로, 그리스도의 종인 저 역시 그러합니다. 사랑합니다!

머리말

고신교회는 장로교회입니다. 그리고 우리는 장로교회의 한 지체입니다. 그러나 우리가 왜 장로교회에 소속되어 있으며, 왜 그렇게 해야 하는지 아는 사람 또는 그 질문에 대답할 수 있는 사람이 많지 않습니다. 이는 참으로 놀라운 사실일 뿐 아니라 심각한 일입니다. 왜냐하면 **장로교회에 출석하는 것은 선택의 문제가 아니라 성경에 대한 바른 지식과 순종의 문제**이기 때문입니다. 장로교회는 칼빈Calvin이나 낙스John Knox가 시작한, 그래서 역사(또는 교회사) 속에서 발생한 어떤 종류의 사상이 아닙니다. 우리가 **장로교회의 지체로서 장로교회를 건설하는 이유는 단 하나, 성경이 그것을 말씀하기 때문**입니다.

장로교회는 언제 시작되었습니까?

"너는 가서 이스라엘 장로들을 모으고 그들에게 이르기를 여호와 너희 조상의 하나님 곧 아브라함과 이삭과 야곱의 하나님이 내게 나타나 이르시되 내가 실로 너희를 권고하여 너희가 애굽에서 당한 일을 보았노라 16 내가 말하였거니와 내가 너희를 애굽의 고난 중에서 인도하여 내어 젖과 꿀이 흐르는 땅 곧 가나안 족속, 헷 족속, 아모리 족속, 브리스 족속, 히위 족속, 여부스 족속의 땅으로 올라가게 하리라 하셨다 하면 17 그들이 네 말을 들으리니 너는 그들의 장로들과 함께 애굽 왕에게 이르기를 히브리 사람의 하나님 여호와께서 우리에게 임하셨은즉 우리가 우리 하나님 여호와께 희생을 드리려 하오니 사흘길쯤 광야로 가기를 허락하소서 하라 18"(출 3:16~18)

"모세와 아론이 가서 이스라엘 자손의 모든 장로를 모으고 29 아론이 여호와께서 모세에게 명하신 모든 말씀을 전하고 백성 앞에서 이적을 행하니 30 백성이 믿으며 여호와께서 이스라엘 자손을 돌아보시고 그 고난을 감찰하셨다 함을 듣고 머리 숙여 경배하였더라 31"(출 4:29~31)

"제자들이 각각 그 힘대로 유대에 사는 형제들에게 부조를 보내기로 작정하고 29 이를 실행하여 바나바와 사울의 손으로 장로들에게 보내니라 30"(행 11:29~30)

"어떤 사람들이 유대로부터 내려와서 형제들을 가르치되 너희가 모세의 법대로 할례를 받지 아니하면 능히 구원을 얻지 못하리라 하니 1 바울과 바나바와 저희 사이에 적지 아니한 다툼과 변론이 일어난지라 형제들이 이 문제에 대하여 바울과 바나바와 및 그 중에 몇 사람을 예루살렘에 있는 사도와 장로들에게 보내기로 작정하니라 2 저희가 교회의 전송을 받고 베니게와 사마리아로 다녀가며 이방인들의 주께 돌아온 일을 말하여 형제들을 다 크게 기쁘게 하더라 3 예루살렘에 이르러 교회와 사도와 장로들에게 영접을 받고 하나님이 자기들과 함께 계셔 행하신 모든 일을 말하매 4 바리새파 중에 믿는 어떤 사람들이 일어나 말하되 이방인에게 할례 주고 모세의 율법을 지키라 명하는 것이 마땅하다 하니라 5 사도와 장로들이 이 일을 의논하러 모여 6 … 이에 사도와 장로와 온 교회가 그 중에서 사람을 택하여 바울과 바나바와 함께 안디옥으로 보내기를 가결하니 곧 형제 중에 인도자인 바사바라 하는 유다와 실라더라 22 그 편에 편지를 부쳐 이르되 사도와 장로된 형제들은 안디옥과 수리아와 길리기아에 있는 이방 형제들에게 문안하노라 23 들은즉 우리 가운데서 어떤 사람들이 우리의 시킨 것도 없이 나가서 말로 너희를 괴롭게 하고 마음을 혹하게 한다 하기로 24 사람을 택하여 우리 주 예수 그리스도의 이름을 위하여 생명을 아끼지 아니하는 자인 우리의 사랑하는 바나바와 바울과 함께 너희에게 보내기를 일치 가결하였노라 25"(행 15:1~6, 22~25)

제1장

장로교회는 언제 시작되었습니까?

| 장로교회의 창시자는 칼빈 또는 낙스?

"장로교회는 언제부터 시작되었습니까?"

이 질문에 많은 사람들은 16세기 제네바의 개혁자 칼빈Calvin 또는 동시대 스코틀랜드의 개혁자 존 낙스John Knox를 거명합니다. 그 말이 사실이라면, 장로교회는 그 이전에 존재하지 않았다고 가정해야 합니다.

그러나 정말 그렇습니까? 성경의 증거는 이와 다릅니다. 성경은 신약시대 초기부터 이미 장로들이 존재했음을 증거합니다. 나아가 구약 시대 장로들의 직무와도 깊은 연결성을 갖고 있음을 증거합니다. 그리고 장로의 존재를 묵인하거나 허용하는 정도가 아니라 꼭

있어야 할 당위성과 필요성을 보여줍니다. 이것이 사실이라면, 장로
회 정치를 가진 교회는 역사 속에서 출현한 여러 교파들 중 하나로
치부되어서는 안 됩니다. **장로교회는 성경과 교회사 속에서 하나님
의 뜻으로 창설되어 이어져 오고 있는 성경적 교회**Biblical Church입니다.

| **구약 교회**(이스라엘)**의 장로들**
사실 언약 공동체 안에 장로의 존재는 구약성경에서부터 발견됩니
다. 순교자 스데반은 옛 언약 공동체인 이스라엘을 가리켜 "교회"라
지칭합니다. 그는 모세의 인도로 광야생활을 하고 있던 이스라엘을
가리켜 **"광야 교회"**라고 부릅니다.

> "시내 산에서 말하던 그 천사와 및 우리 조상들과 함께 **광야 교회**[τῇ
> ἐκκλησίᾳ ἐν τῇ ἐρήμῳ(테 에클레시아 엔 테 에레모)]에 있었고 또 생명의
> 도를 받아 우리에게 주던 자가 이 사람이라"(행 7:38)

그런데 어느 때부터인지는 정확히 알 수 없지만, 구약시대 언약 공
동체인 이스라엘 가운데는 장로들이 존재했습니다.[1] 하나님께서는

---

1) 모세 당대에 이미 존재하던 장로들은 족장 시대 이후 이어져 온 장자권자들임이 거의
확실합니다. 족장 시대에는 장자권자들이 왕적(다스림과 재판), 제사장적(예전), 선지
자적(말씀) 사역을 모두 수행했기 때문입니다. 유월절 사건을 계기로 장자들을 대신해
레위 자손이 하나님께 봉헌되며, 시내 산 언약을 기점으로 아론 계열의 제사장 직분
이 확립됩니다. 또한 하나님께서 모세와 선지자들을 주권적으로 불러 사역하심에 따
라 선지자적 사역 역시 기존의 장자권자들과 분리되었습니다. 이 외에도 하나님께서
사사 시대까지는 에브라임 지파에게(참고, 대상 5:1~2), 그리고 다윗 이후로는 그의 후
손인 유다 지파 왕들에게 재판을 맡기심(참고, 시 78:67~72)에 따라 왕들이 재판과 다
스림의 사역을 주도하게 되었습니다. 이런 의미에서 볼 때, 구속사의 진행에 따라 장
자의 기능이 제사장, 선지자, 왕에게로 분화되었다고 볼 수 있습니다. 동시에 이스라엘

애굽의 압제에 신음하는 이스라엘을 건져내시려고 호렙 산 떨기나무 불꽃 가운데서 모세에게 나타나 이렇게 말씀하셨습니다.

"너는 가서 **이스라엘 장로들을** 모으고 그들에게 이르기를 여호와 너희 조상의 하나님 곧 아브라함과 이삭과 야곱의 하나님이 내게 나타나 이르시되 내가 실로 너희를 권고하여 너희가 애굽에서 당한 일을 보았노라16 내가 말하였거니와 내가 너희를 애굽의 고난 중에서 인도하여 내어 젖과 꿀이 흐르는 땅 곧 가나안 족속, 헷 족속, 아모리 족속, 브리스 족속, 히위 족속, 여부스 족속의 땅으로 올라가게 하리라 하셨다 하면17 그들이 네 말을 들으리니 너는 **그들의 장로들과** 함께 애굽 왕에게 이르기를 히브리 사람의 하나님 여호와께서 우리에게 임하셨은즉 우리가 우리 하나님 여호와께 희생을 드리려 하오니 사흘 길쯤 광야로 가기를 허락하소서 하라18"(출 3:16~18)

출애굽은 이스라엘 역사상 전무후무한 구원 사건입니다. 여호와 하나님께서는 이 구원을 위해 중보자 모세를 세우십니다. 그리고 이스라엘의 장로들이 모세의 구원 사역에 동참하여 봉사하도록 처음부터 지시하십니다. 모세는 하나님의 이 명령에 순종합니다.

"모세와 아론이 가서 **이스라엘 자손의 모든 장로를** 모으고29 아론이 여호와께서 모세에게 명하신 모든 말씀을 전하고 백성 앞에서 이적

의 각 성에서는 여전히 장로들이 있어 계속 재판을 수행했습니다. 중요한 사실은 다스림과 재판, 예배와 예전, 그리고 말씀 사역은 구약시대에서부터 이미 시작되었고, 장로(장자권자)들의 사역이었다는 점입니다. 이는 새 언약 시대의 교회에서 장로들의 회(會) ─ 당회(session/consistory)와 노회(presbytery) ─ 가 말씀과 성례와 권징 사역을 모두 수행하는 것과 연속성(continuity)을 가집니다.

을 행하니$_{30}$ 백성이 믿으며 여호와께서 이스라엘 자손을 돌아보시고 그 고난을 감찰하셨다 함을 듣고 머리 숙여 경배하였더라$_{31}$"(출 4:29~31)

출 3:16~18과 4:29~31에 미루어볼 때, 이스라엘의 장로들이 한 일이 의미심장합니다. 모세가 약 200~300만 명으로 추정되는, 그것도 자유인이 아니라 노예 생활을 하던 이스라엘 백성들을 고센 땅의 특정한 자리에 모두 모아 하나님의 말씀을 전달했다고 보기는 힘듭니다. 모세는 이스라엘의 장로들을 모읍니다. 그들에게 하나님의 말씀을 전하고 그들 앞에서 이적을 행합니다. 그다음, 이 장로들이 이스라엘 백성들을 방문(심방, visiting)하여 이 사실을 전했다고 보는 것이 가장 자연스러운 해석입니다. 이 방식은 출애굽의 결정적 분수령watershed이 된 유월절 사건에서도 동일합니다.

"여호와께서 애굽 땅에서 모세와 아론에게 일러 가라사대$_1$ 이 달로 너희에게 달의 시작 곧 해의 첫 달이 되게 하고$_2$ 너희는 이스라엘 회중에게 고하여 이르라 이 달 열흘에 너희 매인이 어린 양을 취할찌니 각 가족대로 그 식구를 위하여 어린 양을 취하되$_3$ … 모세가 이스라엘 모든 장로를 불러서 그들에게 이르되 너희는 나가서 너희 가족대로 어린 양을 택하여 유월절 양으로 잡고$_{21}$"(출 12:1~3, 21)

성경에 처음 등장하는 장면에서부터, 장로들은 이스라엘 백성들을 방문(심방, visiting)하여 하나님의 말씀을 대신 전하는 일을 담당하고 있습니다.

그 이후로도 이스라엘의 장로들은 시내 산 언약(출 19:7; 24:1,9,14;

신 5:23), 제사장 임직(레 9:1), 심판(민 16:25), 가나안 땅에서의 언약 갱신(신 27:1; 수 8:33) 등 중요한 사건과 길목마다 증인으로 참여합니다. 이뿐 아니라 율법의 보관과 계승(신 31:9,28) 그리고 재판(신 19:12; 21~22장²; 25:5~10; 수 7:6) 등 **말씀과 치리 사역을 통해 이스라엘 역사 내내 계속 봉사합니다.** 여호와 하나님께서는 이스라엘의 장로들을 **여호와의 신으로 충만케 하여** 봉사자로 사용하십니다. 이를 통해 그분이 광야생활을 하고 있는 이스라엘과 함께하시며, 그들을 돌보신다는 증거를 보여주십니다(민 11:16,23~30, 특히 11:16,24~25,30).³ (이 단락의 괄호 안의 본문들을 모두 찾아서 읽기를 권합니다. 그러면 구약시대 장로들이 행한 여러 가지 일들이 신약시대와 원리적으로 얼마나 일치하는지 확인할 수 있습니다.)

이상의 내용을 요약하면 다음과 같습니다. 쉬운 이해를 위해 무대 위의 배우들처럼 묘사했습니다.

---

2) 신 21~22장은 다양한 종류의 재판 규례인데, 그때마다 장로들이 재판장의 역할을 해야 함을 규정합니다(참고, 신 21:2~4,6,19~20; 22:15~18에 "장로[זְקֵן(자케인)]"라는 단어가 등장).
3) 이스라엘 백성들은 하나님께서 은혜로 내려주시는 만나를 먹으면서도 불평합니다. 그러자 하나님께서는 메추라기를 주셔서 그들을 먹이는 동시에 큰 재앙으로 징계하십니다. 이와 함께 하나님께서는 칠십 장로들에게 그분의 신(성령)을 임하게 하여 예언하게 하십니다. 이 두 가지 사건은 하나님께서 광야 가운데 있는 이스라엘을 돌보시고 계신다는 증거가 되었습니다. 여기서 칠십 장로들은 **하나님의 말씀(성령으로 충만하여 예언) 및 심판(메추라기와 함께 임한 큰 재앙) 사역**과 관련되어 있습니다. 하나님께서는 말씀과 심판을 통해 광야 가운데 있는 이스라엘을 돌보시며, 그들에게 임재하십니다.

표 1. 옛 언약시대의 장로들과 그 위계질서

주연과 조연	역할	대사와 행동	신학적 의미
여호와 하나님	참 신 (계획)	출애굽 계획과 약속 백성에게 구원자를 보내심	성부의 사역
모세	구원자/중보자 (성취)	출애굽 성취 하나님께로부터 보냄을 받은 자	성자의 사역
장로들	하위 봉사자 (진행과 완성)	모세의 하위 봉사자 여호와의 신으로 충만 하나님의 말씀을 대신 전함 심방과 재판	성령의 사역 (장로들의 봉사)
이스라엘 자손	언약 백성	출애굽에 참여 장로들에게 듣고 순종 반역할 때 심판받음	교회/성도

이상의 내용을 볼 때, 이스라엘의 장로들은 하나님의 구원 계획에 있어서 빼놓을 수 없는 중요한 봉사자들이었음을 알 수 있습니다.

| 신약 교회(새 이스라엘)의 장로들

옛 언약의 중보자 모세는 새 언약의 중보자 예수 그리스도의 그림자입니다. 여호와 하나님께서는 애굽보다 더 큰 원수인 죄와 사망과 사탄의 권세로부터 우리를 구원하기 위해 모세보다 큰 구원자/중보자 예수 그리스도를 세우십니다(참고. 마 1:21; 롬 6:6~11; 골 1:13~14; 요일 3:8). 옛 이스라엘(구약 교회)의 장로들이 구원자/중보자 모세의 하위 봉사자로서 수고한 것과 마찬가지로, 새 이스라엘(신약 교회)의 장로들 역시 참되고 영원하신 구원자/중보자 예수 그리스도의 종으로서 교회를 위해 봉사합니다.

여기서 놀라운 사실이 하나 있습니다. 하나님께서 주신 원래 기능과는 달리, 이스라엘의 장로들은 오히려 예수 그리스도를 죽이는데 앞장섭니다(마 16:21; 26:3~5,47,57; 27:1~2,12,20,41~43; 막 8:31; 14:43,53; 15:1; 눅 9:22; 22:52 등). 예수님을 죽이려 공모한 자들[4] 중 제사장들, 서기관들과 나란히 장로들이 언급되어 있다는 사실이 실로 놀랍습니다. 이 타락한 직분자들이 자신들에게 보냄을 받은 구원자/중보자 예수 그리스도를 죽일 계획을 세우고 앞장서자, 이에 뒤질세라 배교한 언약 백성 이스라엘이 곧바로 합세합니다. 이후로도 이스라엘의 장로들은 오순절 이후에 세워진 신약 교회와 사도들을 지속적으로, 그리고 끈질기게 핍박합니다(행 4:5 이하; 6:12; 22:5; 23:14; 24:1; 25:15). 그리고 유대인 중 대다수가 이에 가세합니다.

하나님께서 거짓 교회가 된 옛 이스라엘의 장로들 대신 새 이스라엘(신약 교회)에 장로들을 세우신 것은 우연이 아니라 구속사의 마땅한 귀결입니다(참고. 웨스트민스터 신앙고백서 25:5[5]). 이후에 이방인 선교의 핵심 역할을 담당한 (수리아) 안디옥교회는 예루살렘교회가 흉년으로 인해 궁핍할 때, 바나바와 사울(바울)을 보내 구제비를 전달합니다. 이때 바나바와 사울은 예루살렘교회의 장로들에게로 파송됩니다.

---

4) 이들은 산헤드린[συνέδριον(쉬네드리온)]이라 불리는 유대인들의 최고 종교회의의 회원들이었습니다. 한글개역개정성경과 한글개역성경에는 "공회"라고 번역되었는데, 막 15:1과 눅 22:66은 이 공회의 회원들을 한 문장으로 요약합니다. 이들은 제사장들, 서기관들, 장로들입니다. 당시 제사장의 대다수는 사두개인이었으며, 서기관의 대다수는 바리새인이었습니다.
"새벽에 대제사장들이 즉시 장로들과 서기관들 곧 온 공회로 더불어 의논하고 예수를 결박하여 끌고 가서 빌라도에게 넘겨주니"(막 15:1; 참고. 눅 22:66; 마 26:57,59)
5) "천하에서 지극히 순수한 교회라 하더라도 혼합과 오류에서 벗어날 수 없다. 더러는 그리스도의 교회임을 멈추고 사탄의 회(Synagogues of Satan)가 될 정도로 타락하였다. 그럼에도 불구하고 이 땅에는 하나님의 뜻을 따라 그분을 예배하는 교회가 항상 있을 것이다."(웨스트민스터 신앙고백서 25:5)

"그 때에 선지자들이 예루살렘에서 안디옥에 이르니27 그 중에 아가보라 하는 한 사람이 일어나 성령으로 말하되 천하가 크게 흉년 들리라 하더니 글라우디오 때에 그렇게 되니라28 제자들이 각각 그 힘대로 유대에 사는 형제들에게 부조를 보내기로 작정하고29 이를 실행하여 바나바와 사울의 손으로 장로들에게 보내니라30"(행 11:27~30)

이 사실은 예루살렘교회가 그 이전부터 장로들에 의해 다스림을 받고 있다는 사실을 안디옥교회가 충분히 인지하며 공감하고 있었음을 보여줍니다. 이뿐 아닙니다. 안디옥교회는 그들 가운데 이단이 침투했을 때, 바나바와 바울 등 몇 사람을 예루살렘교회의 사도와 장로들에게로 보냅니다. 그리고 사도와 장로들이 함께 모여 참 복음으로부터 이단을 분별하여 의결합니다. 즉, **복음의 말씀으로 회의하고 의결하여 참된 치리를 수행**합니다. 예루살렘 공회는 세계 곳곳의 지역 교회에 사절단과 서신을 보내 이 결의한 바를 전함으로 신앙의 일치를 확인합니다.

"어떤 사람들이 유대로부터 내려와서 형제들을 가르치되 너희가 모세의 법대로 할례를 받지 아니하면 능히 구원을 얻지 못하리라 하니1 바울과 바나바와 저희 사이에 적지 아니한 다툼과 변론이 일어난지라 형제들이 이 문제에 대하여 **바울과 바나바와 및 그 중에 몇 사람을 예루살렘에 있는 사도와 장로들에게 보내기로 작정**하니라2 저희가 교회의 전송을 받고 베니게와 사마리아로 다녀가며 이방인들의 주께 돌아온 일을 말하여 형제들을 다 크게 기쁘게 하더라3 예루살렘에 이르러 **교회와 사도와 장로들에게 영접**을 받고 하나님이 자기들과 함께 계셔 행하신 모든 일을 말하매₄ 바리새파 중에 믿는 어떤 사람들이 일어나 말하되 이방인에게 할례 주고 모세의 율법을 지키라 명하는 것이 마땅하다 하니라₅ **사도와 장로들이 이 일을 의논하러 모여**₆ … 이에 사도와 장로와 온 교회가 그 중에서 사람을 택하여 바울과 바나바와 함께 안디옥으로 보내기를 가결하니 곧 형제 중에 인도자인 바사바라 하는 유다와 실라더라₂₂ 그 편에 편지를 부쳐 이르되 사도와 장로된 형제들은 안디옥과 수리아와 길리기아에 있는 이방인 형제들에게 문안하노라₂₃ 들은즉 우리 가운데서 어떤 사람들이 우리의 시킨 것도 없이 나가서 말로 너희를 괴롭게 하고 마음을 혹하게 한다 하기로₂₄ 사람을 택하여 우리 주 예수 그리스도의 이름을 위하여 생명을 아끼지 아니하는 자인 우리의 사랑하는 **바나바와 바울과 함께 너희에게 보내기를 일치 가결**하였노라₂₅"(행 15:1~6, 22~25)

당시 예루살렘교회와 안디옥교회뿐 아니라 세계 곳곳의 지역 교회가 사도와 장로들의 말씀과 치리 사역에 공감하고 있지 않았다면 어떻게 이 모든 일이 가능했겠습니까? '신앙의 일치'는 바울이 2차 선교 사역을 시작한 동기이자 목표가 되었습니다. 예루살렘 공회에서의 사도와 장로들의 결의대로 각 지역의 교회들이 이행하고 있는지 확인하는 것입니다.

"수일 후에 바울이 바나바더러 말하되 우리가 주의 말씀을 전한 각 성으로 다시 가서 **형제들이 어떠한가 방문하자**[6] 하니"(행 15:36)

---

6) 사도 바울의 2차 선교 사역의 목표가 신앙의 일치를 확인하는 "심방(visitation)"이었다는 사실은 전도(evangelism)의 구호에 묻혀 너무나도 오랫동안 무시되어왔습니다.

"여러 성으로 다녀 갈 때에 **예루살렘에 있는 사도와 장로들**의 작정한 규례를 저희에게 주어 지키게 하니₄ 이에 여러 교회가 믿음이 더 굳어지고 수가 날마다 더하니라₅"(행 16:4~5)

| 하나님께서 세우신 장로교회

결론적으로, **장로교회**Presbyterian Church**를 세우신 분은 하나님 아버지와 그분이 보내신 구원자/중보자 우리 주 예수 그리스도십니다.** 이스라엘이 처음 제사장 나라로 형성될 때부터 장로들이 존재했습니다. 그들은 모세 율법의 규정에 따라 구약시대 내내 **말씀과 치리 사역**을 위해 봉사했습니다. (물론 구약시대에도 자주 그랬지만) 특히 신약시대에 와서 옛 이스라엘과 장로들은 예수님과 사도들, 그리고 교회의 가장 큰 대적이 되었습니다. 이에 하나님께서는 그들 대신 새 이스라엘(신약 교회)에 새 직분자들, 즉 사도들과 장로들을 세우셨습니다. 교회의 터를 닦은 사도들은 이제 모두 죽고 없지만, 장로들은 여전히 교회 안에 존재합니다. 장로들은 성경의 원리에 따라 **말씀과 치리 사역**을 여전히 수행함으로써 사도들이 닦아놓은 터 위에 계속 교회를 건설해 나갑니다. 이 봉사의 사역은 그리스도께서 다시 오실 때까지 중단되지 않을 것입니다.

"제63조(장로직의 기원)
율법 시대에 장로가 있었음과 같이 복음 시대에도 목사와 협력하여 교회에 치리하는 자를 선정하였으니 곧 치리장로이다."[7]

---

7) 대한예수교장로회(고신) 교회 헌법 교회정치 6:63.

함께 생각할 문제

1. 장로교회가 언제부터 시작되었다고 생각해왔는지 서로 말해봅시다.

2. 출애굽 하기 전, 모세 당대의 장로들은 어떤 일을 했습니까?

3. 출애굽 이후 율법에서, 그리고 이스라엘 역사 속에서 나타난 장로들의 직무를 말해보십시오.

4. 예수님 당대의 이스라엘 장로들은 예수님과 사도들과 교회에 대해 어떤 태도를 취했습니까?

5. 신약시대 초창기부터 장로들의 말씀과 치리 사역에 의해 교회가 보존되고 있었다는 사실을 어떻게 알 수 있습니까? 실례를 들어 설명해보십시오.

6. 한 걸음 더 장로의 직무와 관련하여, 한국 교회 안에 이단이 쉽게 침투하고 있는 현상의 원인이 무엇이라고 생각하십니까? 그 근본적인 해결책은 무엇일까요?

교회에 장로가 꼭 필요합니까?

"각 교회에서 장로들을 택하여 금식 기도하며 저희를 그 믿은바 주께 부탁하고"(행 14:23)

"바울이 밀레도에서 사람을 에베소로 보내어 교회 장로들을 청하니 17 ... 이는 내가 꺼리지 않고 하나님의 뜻을 다 너희에게 전하였음이라 27 너희는 자기를 위하여 또는 온 양떼를 위하여 삼가라 성령이 저들 가운데 너희로 감독자를 삼고 하나님이 자기 피로 사신 교회를 치게 하셨느니라 28 내가 떠난 후에 흉악한 이리가 너희에게 들어와서 그 양떼를 아끼지 아니하며 29 또한 너희 중에서도 제자들을 끌어 자기를 좇게 하려고 어그러진 말을 하는 사람들이 일어날 줄 내가 아노니 30 그러므로 너희가 일깨어 내가 삼년이나 밤낮 쉬지 않고 눈물로 각 사람을 훈계하던 것을 기억하라 31 지금 내가 너희를 주와 및 그 은혜의 말씀께 부탁하노니 그 말씀이 너희를 능히 든든히 세우사 거룩케 하심을 입은 모든 자 가운데 기업이 있게 하시리라 32"(행 20:17,27~32)

"그리스도 예수의 종 바울과 디모데는 그리스도 예수 안에서 빌립보에 사는 모든 성도와 또는 감독들과 집사들에게 편지하노니"(빌 1:1)

"내가 너를 그레데에 떨어뜨려 둔 이유는 부족한 일을 바로잡고 나의 명한대로 각 성에 장로들을 세우게 하려 함이니"(딛 1:5)

제2장
교회에 장로가 꼭 필요합니까?

| 장로, 정말 필요한가?

"주위 교회들을 보니 장로님이 있는 교회치고 문제가 없는 교회를
보지 못했습니다. 차라리 장로가 없는 교회가 더 좋겠습니다. 어차
피 장로 제도는 인간이 만든 것 아닙니까?"

필자는 이런 말을 종종 들어왔습니다. 한편으로는 한국 교회의 연
약하고 서글픈 현실이기도 합니다. 그러나 이 생각은 성경과 상충합
니다.

바로 앞의 제1장에서 우리는 신약 교회 초창기부터, 심지어 구약
시대에서부터 장로들이 봉사하고 있었다는 사실을 확인했습니다. 그
렇다면 사도들이 활동하던 그때에만 잠정적으로 장로들이 필요했던

것은 아닐까요? 예루살렘 공회(사도행전 15장) 이후에도 장로들이 꼭 존재해야 했을까요? 혹 예루살렘교회에만 장로들이 있었던 것은 아닐까요? 세계 각지의 교회들에는 장로들이 없었거나 필요하지 않았던 것은 아닐까요? 의문점은 다음의 두 가지로 요약됩니다.

첫째, 장로 직분은 **어느 한 시기에만 국한**된 것은 아닙니까?
둘째, 장로 직분은 **어느 한 지역에만 국한**된 것은 아닙니까?

| 바울 선교의 목표 : 장로 임직

사도 바울의 선교 사역을 추적하면 그 사실관계를 그리 어렵지 않게 알 수 있습니다. 오늘날 한국에는 바울의 선교를 벤치마킹하여 만들었다는 선교훈련 프로그램들이 꽤 많이 있습니다. 그중에는 한 마을 또는 여러 마을을 돌아다니면서 전도하는 훈련도 있습니다. 직업에 종사하면서 전도하는 자비량 선교도 있습니다. 생소한 문화를 체험하는 프로그램도 있습니다. 그러나 이런 프로그램 대부분에는 바울 선교의 핵심이 빠져 있습니다. 그것은 바로 **"장로 임직"**입니다. 이는 **바울 선교의 목표인 동시에 그 선교 지역을 떠나 다른 곳으로 가는 조건**이기도 합니다.

"각 교회에서 장로들을 택하여 금식 기도하며 저희를 그 믿은바 주께 부탁하고"(행 14:23)

현대 그리스도인들의 선입견과는 달리, 사도행전을 보면 바울은 이 마을 저 마을을 급하게 떠돌아다니며 전도하지 않습니다. 다급히

피신해야 할 때를 제외하면, 언제나 어느 한 지역에 일정 기간 정착하여 교회를 설립하고 말씀을 지속적으로 가르칩니다. 그리고 그 교회에 장로(들)를 임직한 후에 다른 곳으로 떠납니다. 이는 예루살렘 교회뿐 아니라 바울이 활동한 세계 각지의 교회들 역시 장로들의 말씀과 치리 사역을 필요로 했다는 사실을 단적으로 보여줍니다.[1]

3차 선교 사역 말기에 사도 바울은 에베소교회의 장로들을 밀레도라는 지역으로 오게 합니다. 바울은 이곳에서 그들에게 중요한 명령을 합니다. 바울이 그리스도의 사도로서 온전히 전한 복음의 말씀을 분별하여 이단으로부터 교회를 지키라는 내용입니다.

"바울이 밀레도에서 사람을 에베소로 보내어 **교회 장로들**을 청하니 17 … 이는 내가 꺼리지 않고 하나님의 뜻을 다 너희에게 전하였음이라27 너희는 자기를 위하여 또는 온 양떼를 위하여 삼가라 **성령이 저들 가운데 너희로 감독자를 삼고 하나님이 자기 피로 사신 교회를 치게 하셨느니라**28 내가 떠난 후에 흉악한 이리가 너희에게 들어와서 그 양떼를 아끼지 아니하며29 또한 너희 중에서도 제자들을 끌어 자기를 좇게 하려고 어그러진 말을 하는 사람들이 일어날 줄을 내가 아노니30 그러므로 너희가 일깨어 내가 삼년이나 밤낮 쉬지 않고 눈물로 각 사람을 훈계하던 것을 기억하라31 지금 내가 너희를 주와 및 그 은혜의 말씀께 부탁하노니 그 말씀이 너희를 능히 든든히 세우사 거룩케 하심을 입은 모든 자 가운데 기업이 있게 하시리라32"(행 20:17,27~32)

---

1) 이에 대한 보다 상세한 설명으로는 권기현, 『선교, 교회의 사명 : 성경적인 선교를 생각하다』(경산: R&F, 2012), 52~68을 참고하십시오.

바울이 에베소교회 장로들에게 지시한 내용은 예루살렘 공회(사도행전 15장) 때 장로들이 한 일과 동일합니다. **말씀과 치리 사역을 통해 이단으로부터 교회를 지키는 것입니다.** 이 본문에서 사도 바울은 에베소교회의 장로들을 세우신 분이 사람이 아니라 성령 하나님이시라고 말씀합니다.

> "… 성령이 저들 가운데 너희로 감독자를 삼고 하나님이 자기 피로 사신 교회를 치게 하셨느니라"(28절)

장로 제도는 인간이 만든 것이 아닙니다. (사람이 투표하여 선출했을지라도) **교회에 장로들을 세우신 분은 하나님**이십니다. 하나님께서 이들에게 주신 사명은 말씀과 치리 사역을 통해 교회를 지키는 것입니다.

여기서 또 하나 눈여겨봐야 할 단어가 있습니다. "감독자overseers"[2] (28절)입니다. 사도 바울은 에베소교회의 장로들을 가리켜 "감독자"라고 부릅니다. 즉, "감독자"는 "장로"의 다른 호칭입니다.[3] 이 단어가 빌 1:1에도 사용됩니다. 바울은 빌립보교회에게 다음과 같은 표현으로 문안합니다.

> "그리스도 예수의 종 바울과 디모데는 그리스도 예수 안에서 **빌립보에 사는 모든 성도와 또는 감독들overseers과 집사들에게 편지하노**

---

2) 헬라어 "ἐπίσκοπος(에피스코포스)"의 복수형입니다.
3) 로마 천주교, 영국 성공회, 감리교 등의 감독교회(episcopal church)는 "감독"을 목사 또는 신부 위에 있는 '주교(bishop)'로 해석하여 성직자 계급 제도(hierarchy)를 유지합니다. 그러나 이는 성경과 배치됩니다. 이에 대한 보다 상세한 설명으로는 "제3장. 장로의 종류와 높낮이"를 참고하십시오.

니"(빌 1:1)

여기서 바울은 빌립보교회를 "빌립보에 사는 모든 성도와 또는 감독들과 집사들"이라고 규정합니다. 여기서 "또는"[4] 이라고 번역된 헬라어 단어는 "σύν(쉰)"인데, 이는 '~와 함께with'라는 뜻을 가진 전치사입니다. 이 전치사의 뜻을 살려 이 부분을 번역하면, "감독들과 집사들과 함께 빌립보에 있는 모든 성도들"입니다. 이것이 무엇을 의미하겠습니까? 빌립보교회는 "감독들과 집사들"이라는 직분자 그룹과 "성도들"이라는 회중으로 구성되어 있다는 뜻입니다.[5] (설마 이 문장을 읽고는 '그렇다면 장로들과 집사들은 성도가 아니란 말이냐?'라고 하실 분은 없으시겠죠?) 장로들이 존재하지 않는 바울의 선교는 상상할 수 없습니다.

바울은 자신의 동역자 디도를 지중해에 있는 크레타 섬에 남겨두고 떠난 적이 있습니다. 그 이유는 선명합니다. 각 성에 장로들을 세우기 위해서입니다.

"내가 너를 그레데에 떨어뜨려 둔 이유는 부족한 일을 바로잡고 나의 명한대로 **각 성에 장로들을 세우게 하려 함이니**"(딛 1:5)

또한 바울은 아들처럼 아끼던 디모데가 장로들의 회(會), 즉 장로회에서 안수를 통해 임직한 사실을 상기시킵니다.

---

4) 한글개역개정성경에는 "또한"으로 번역되었습니다.
5) 이 구절에 대한 보다 상세한 설명과 함께, 개체 교회가 직분자와 회중으로 구성되어야 한다는 점에 대해서는 권기현, 『예배 중에 찾아오시는 우리 하나님: 성경적인 공예배에 관한 몇 가지 묵상』(경산: R&F, 2019), 99~111을 참고하십시오.

"네 속에 있는 은사 곧 **장로의 회**에서 **안수** 받을 때에 예언으로 말미
암아 받은 것을 조심 없이 말며"(딤전 4:14)

그리고 디모데에게 이렇게 장로의 임직 기준을 제시합니다.

"미쁘다 이 말이여. 사람이 **감독의 직분**을 얻으려하면 선한 일을 사
모한다 함이로다; 그러므로 **감독**은 책망할 것이 없으며 …₂"(딤전
3:1~2)

여기서도 '장로'와 동의어인 '감독의 직분office of overseers' 또는 '심
방visitation'⁶을 의미하는 단어가 사용됩니다. 장로가 필요하다고 해서
자격과 요건이 되지 않는 자를 섣불리 임직하면 안 됩니다. (아래의
구절은 평소에 안수기도를 함부로 하지 말라는 명령이 아니라 분별 있
는 임직을 의미합니다.)

"아무에게나 경솔히⁷ **안수**하지 말고 다른 사람의 죄에 간섭지 말고
네 자신을 지켜 정결케 하라"(딤전 5:22)

장로를 세우기 위해서는 엄격한 기준이 필요합니다. 그만큼 교회
가 장로를 필요로 하며, 또한 어떤 사람을 장로로 세우느냐가 중요

---

6) 헬라어 'ἐπισκοπή(에피스코페)'의 단수형입니다. 행 20:28의 "ἐπίσκοπος(에피스코포
스)"가 '감독', 즉 장로 직무를 맡은 사람을 가리킨다면, 이 단어는 감독, 즉 '장로의 직
분(office)' 또는 이 직분이 감당해야 할 직무로서의 '심방(visitation)'을 의미합니다. 이
단어는 행 1:20에서 전자의 뜻으로, 눅 19:44; 벧전 2:12에서 후자의 뜻으로 사용되었습
니다.
7) "경솔히"로 번역된 헬라어 부사 "ταχέως(타케오스)"는 '급히(quickly)', '성급하게
(hastily)'라는 뜻입니다.

하다는 의미를 내포합니다. 이것이 사도 바울이 디모데에게 준 교훈이자 성령 하나님께서 교회들에게 하시는 말씀입니다.

| 예루살렘교회에 계속 존재한 장로

사도행전은 예루살렘 공회 이후에도 장로들이 계속 존재했음을 명시합니다. 사도 바울의 3차 선교 사역은 예루살렘에서 그가 체포됨으로 끝납니다. 체포되기 얼마 전, 바울은 예루살렘에 도착하여 교회의 환영을 받습니다. 오래전 예루살렘 공회(사도행전 15장) 때와 마찬가지로 이때도 장로들이 그를 맞이합니다.

> "예루살렘에 이르니 형제들이 우리를 기꺼이 영접하거늘17 그 이튿날 바울이 우리와 함께 야고보에게로 들어가니 **장로들도 다 있더라**18"(행 21:17~18)

장로는 일정 기간에만 한시적으로 존재하지 않았습니다. 예루살렘 교회가 그러했으며, 세계 각지의 교회들 역시 그러했습니다.

| 사도인 동시에 장로회의 일원

그렇다면 베드로와 요한 같은 사도들은 장로 제도에 대해 어떻게 가르쳤을까요? 그들은 자신이 사도일 뿐 아니라 장로회의 일원임을 밝힙니다.

"너희 중 장로들에게 권하노니 나는 **함께 장로 된 자**[8]요 그리스도의
고난의 증인이요 나타날 영광에 참예할 자로라"(벧전 5:1)

사도 요한 역시 자신을 장로로 소개합니다.

"**장로는**[9] 택하심을 입은 부녀와 그의 자녀에게 편지하노니 내가 참
으로 사랑하는 자요 나뿐 아니라 진리를 아는 모든 자도 그리하는
것은"(요이 1)

"**장로는**[10] 사랑하는 가이오 곧 나의 참으로 사랑하는 자에게 편지하
노라"(요삼 1)[11]

모든 장로presbyters가 다 사도apostles는 아닙니다. 그러나 사도들은
모두 장로입니다. 그들 역시 말씀과 치리 사역을 하는 장로들입니
다. 그래서 예루살렘 공회(사도행전 15장)는 "사도와 장로"들로 구성되
어 회의한 것입니다.

---

8) "장로(presbyter)"를 뜻하는 "πρεσβύτερος(프레스뷔테로스)" 앞에 '~와 함께(with)'를
뜻하는 전치사 "σύν(쉰)"이 결합된 "συμπρεσβύτερος(쉼프레스뷔테로스)"라는 단어가
사용되었습니다.
9) 한글개역개정성경에는 "장로인 나는"으로 번역되었습니다.
10) 요한이서 1절과 마찬가지로, 한글개역개정성경에는 "장로인 나는"으로 번역되었습니
다.
11) 어떤 이들은 요한이서와 요한삼서의 저자가 사도 요한과는 전혀 다른 인물인 장로
요한이라고 주장하지만, 필자는 사도 요한이라는 입장을 견지합니다. 이에 대해서는
여기서 다루지 않겠습니다. 저자가 사도 요한이든 아니든 신약시대에 장로가 계속
존재했다는 사실에는 변함이 없습니다.

| 장로이신 예수 그리스도

예수 그리스도께서 장로라는 사실을 알고 계십니까? 사도 베드로는 예수 그리스도를 가리켜 "감독"이라 부릅니다. 앞서도 설명한 바와 같이, "감독"은 '장로'와 동의어가 아닙니까?

> "너희가 전에는 양과 같이 길을 잃었더니 이제는 너희 영혼의 목자
> 와 감독overseer[12] 되신 이에게 돌아왔느니라"(벧전 2:25)

예수님은 신약시대 최초의 장로이십니다. 그분이 우리 "영혼의 목자와 감독"이십니다. 하늘에 계신 장로 예수 그리스도께서는 인간 장로들의 말씀과 치리 사역을 통해 지금도 우리를 돌보고 계십니다. 온갖 거짓 복음으로부터 지키고 계십니다. 예수 그리스도께서 장로이신데, 도대체 어느 누가 장로 제도를 가리켜 인간이 세운 전통이라 주장하겠습니까?

| 요한계시록의 장로들

요한계시록에는 하나님의 보좌 주위에 스물네 명의 장로들이 등장합니다.

> "또 보좌에 둘려 이십 사 보좌들이 있고 그 보좌들 위에 이십 사 장
> 로들이 흰 옷을 입고 머리에 금 면류관을 쓰고 앉았더라"(계 4:4; 참
> 고. 계 4:10; 5:5~6,8,11,14; 7:11,13; 11:16; 14:3; 19:4)

---

12) 이 구절에서 "감독"이라는 뜻으로 사용된 단어 역시 '장로'와 동의어인 "ἐπίσκοπος(에
피스코포스)"입니다.

어떤 학자들은 여기에 언급된 스물네 명의 장로들을 하늘의 천사로 봅니다. 다른 이들은 땅 위에 있는 참 교회의 장로들의 회(會)를 대표하거나 상징하는 표현으로 해석합니다. 분명한 사실은 성경이 이들을 "장로"라 호칭하고 있으며, 이것이 하나님의 계시라는 점입니다. "장로"라는 용어는 하나님께로부터 왔습니다. 장로 직분의 기원과 출처는 성경입니다. 인간이 고안해낸 것도, 역사 가운데 만들어진 전통도 아닙니다.

결론적으로, 오늘날 장로 제도의 폐해를 들어 장로 무용론(無用論)을 주장해서는 안 됩니다. 장로는 인간이 세운 제도가 아니라 하나님께서 주신 것이기 때문입니다. 성경이 말씀하는 장로의 봉사인 말씀과 치리 사역이 바르게 시행될 때, 우리는 하나님 우편에 앉아서 다스리시는 장로 예수 그리스도의 보호를 항상 받으며 살아갈 것입니다.

함께 생각할 문제

1. 평소에 장로 직분을 어떻게 생각해왔는지 서로 말해봅시다.

2. 바울 선교와 한국의 각종 선교 프로그램들과의 차이점이 무엇입니까?

3. 장로의 다른 호칭은 무엇입니까? 그 호칭이 성경 어느 구절에 나옵니까?

4. 사도 바울은 에베소교회의 장로들을 누가 세웠다고 가르칩니까?

5. 장로들의 사명이 무엇입니까?

6. 한 걸음 더 딤전 3:1~7과 딛 1:5~9는 장로가 지녀야 할 신앙과 생활과 품성을 규정합니다. 이 기준이 얼마나 신실하게 지켜지고 있는지 생각해 봅시다. 이를 위해 내가 먼저 고쳐야 할 태도가 무엇인지 서로 말해봅시다.

장로의 종류와 높낮이

~∙

"잘 다스리는 장로들을 배나 존경할 자로 알되 말씀과 가르침에 수고하
는 이들을 더할 것이니라"(딤전 5:17)

"너희 중 장로들에게 권하노니 나는 함께 장로 된 자요 그리스도의 고
난의 증인이요 나타날 영광에 참예할 자로라1 너희 중에 있는 하나님의
양 무리를 치되 부득이함으로 하지 말고 오직 하나님의 뜻을 좇아 자원
함으로 하며 더러운 이를 위하여 하지 말고 오직 즐거운 뜻으로 하며2
맡기운 자들에게 주장하는 자세를 하지 말고 오직 양 무리의 본이 되라
3 그리하면 목자장이 나타나실 때에 시들지 아니하는 영광의 면류관을
얻으리라4"(벧전 5:1~4)

제3장
장로의 종류와 높낮이

| 오해와 선입견

"우리 교회에는 아직 장로님이 없어요. 목사님이 개척하신 지 2년밖
에 되지 않았거든요."

사실 이 말은 그 자체로 모순을 안고 있습니다. 이 말을 하신 분은
자신이 속한 교회에 장로가 있는데도 없다고 생각하고 있기 때문입
니다.

"목사님과 장로님 중 누가 더 높은 사람인가요?"
"아무래도 목사님이 제일 높지."
"그러면 장로님들 중에서는 누가 제일 높은 사람인가요?"

"그야 수 장로님이 제일 높지. 연세가 제일 많지는 않지만, 우리 교회에서 가장 먼저 장로가 되셨거든."

필자가 어릴 때, 주일학교 선생님과 나눈 대화입니다. 선생님의 순수한 마음은 이해할 수 있으나, 이는 성경적인 대답이 아닙니다.

| 두 종류의 장로

사도 바울은 디모데에게 보낸 서신에서 중요한 한 가지 사실을 언급합니다.

"잘 다스리는 장로들을 배나 존경할 자로 알되 말씀과 가르침에 수고하는 이들을 더할 것이니라"(딤전 5:17)

여기서 "말씀과 가르침에 수고하는 이들"도 장로입니다. "잘 다스리는 장로"가 있고, 그중에는 "말씀과 가르침에 수고하는" 장로가 있습니다. 전자에게는 두 배로 존경을, 후자에게는 최고의 존경[1]을 표해야 한다고 말씀합니다. 여기서 주목해야 할 사실은 장로들 중에는 말씀과 가르침에 수고하는 장로들이 있다는 점입니다. 이 사람들이 누구일까요? 네, 그렇습니다. 목사를 가리킵니다.

오늘날 그리스도인들은 - 심지어 장로들조차 - 장로의 수를 셀때, 목사를 제외합니다. 그러나 이는 잘못된 관습입니다. 다스리는 장로가 없어도 목사가 있다면 그 교회는 장로가 있는 교회입니다.

---

1) 17절에서 "더할"로 번역된 헬라어 단어 "μάλιστα(말리스타)"는 '매우(very)'의 최상급 표현으로 '특(별)히(specially/particularly)', '가장(above all)'이라는 뜻입니다.

단, 완전한 당회가 구성되어 있지 않으므로 이런 교회를 "미조직교회"라 부릅니다. [2]

사도 바울은 디모데를 "전도인evangelist"[3]이라 부릅니다.

> "그러나 너는 모든 일에 근신하여 고난을 받으며 **전도인**의 일을 하
> 며 네 직무를 다하라"(딤후 4:5)

"전도인"이란 길거리에서 전도 쪽지를 나누어주면서 전도하는 사람을 뜻하는 말이 아닙니다. 이는 사도 시대에 있다가 오늘날에는 사라진 독특한 직분 중 하나인데, 여러 지역 교회들을 순회하면서 설교와 교육을 담당한 말씀 사역자입니다. [4] 굳이 비교하자면, 오늘

---

2) "제112조(당회의 조직과 구분)
　1. 당회는 개체 교회의 시무목사와 시무장로로 조직한다.
　2. 시무장로가 1명만 있는 경우를 준당회라 하고 시무장로가 2명 이상인 당회를 완전
　　당회라고 한다.
　제120조(미조직교회 당회장)
　1. 미조직교회에서는 당회 일반 직무를 당회장이 처리하되, 문제가 되는 것은 시찰회의
　　협조를 얻어 처리하고, 권징건은 노회원 중에서 목사, 장로 각 2인씩의 협조 당회원
　　을 노회에 청하여 처리하며, 행정록을 작성하여 매년 1차 노회의 검사를 받아야 한
　　다."(대한예수교장로회(고신) 교회 헌법 교회정치 10:112,120).
3) 이에 해당하는 헬라어 명사는 "εὐαγγελιστής(유앙겔리스테스)"입니다.
4) 스데반의 동료인 빌립에게 이 단어가 사용되었으며(행 21:8, "전도자"), 엡 4:11("복음
　전하는 자")은 말씀을 맡은 직분 중 하나로 언급합니다. 행 21:8에서 한글개역성경과 한
　글개역개정성경의 "집사"라는 번역은 성경 원어에는 없는 의역입니다. 스데반과 빌립
　등 일곱 사람이 구제의 사역을 했다는 점(사도행전 6장)에서 집사 직무의 기원이 된
　것이 분명하지만, 이들이 곧 오늘날의 집사와 같은 직분자는 아닙니다. 스데반과 빌립
　등은 말씀과 구제 사역을 겸하여 감당했습니다. 스데반의 순교 후 빌립은 사마리아 성
　에서 설교와 세례를 시행합니다(행 8:5~13). 이후 그는 에디오피아 여왕 간다게의 국
　고 맡은 내시에게까지 세례를 시행하고(행 8:26~39), 아소도와 여러 성들을 순회하면
　서 말씀 사역을 합니다(행 8:40). 이는 빌립이 "전도자"로서 한 사역입니다. 이는 빌립,
　디모데, 디도와 같은 분들이 오늘날의 목사 이상의 사역을 감당한 말씀 사역자였음
　을 뒷받침합니다. 선교 현지에서 목사가 아닌 사람이 설교와 성례를 집례하면서 빌립

날의 선교사와 비슷한 사역을 한 직분자입니다.[5] 그런데 사도 바울
은 디모데가 "장로들의 회(會)에서 안수 받았다"는 사실을 상기시킵
니다. 이 문맥에서 "안수 받았다"는 말은 장로들의 회(會)가 디모데
를 임직하여 그에게 하나님의 말씀 사역을 위임했다는 뜻입니다. 디
모데가 말씀 사역자인데도 장로들의 회(會)로부터 안수를 받았다는
사실은 의미심장합니다. 이는 말씀 사역 역시 장로들의 중요한 사명
중 하나였음을 뒷받침합니다.

"네 속에 있는 은사 곧 장로의 회[6]에서 안수 받을 때에 예언으로 말
미암아 받은 것을 조심 없이 말며"(딤전 4:14)

목사 역시 장로회의 일원입니다. 목사는 다스리는 사역도 하지만,
특히 설교와 교육에 전심전력하는 장로입니다. 오늘날 한국의 장로
교회는 목사를 지나치게 장로와 구별하는 경향이 있습니다.

오늘날 어떤 교회는 성경에 언급된 '장로'와 '감독'이 모두 목사만을
가리킨다고 생각합니다. 그런 교회에서는 가르치는 장로인 목사를
임직하지만, 다스리는 장로가 아예 존재하지 않습니다. 침례교회를
비롯한 여러 교파들이 그러합니다. 한국의 장로교회가 가르치는 장

을 근거로 제시하며 그 정당성을 주장하는 실례를 종종 접합니다. 이 사람들은 빌립이
"전도자"라는 사실을 망각하여 성경을 곡해하고 있는 것입니다.

5) 한국 교회 초창기에는 목사가 부족하여 외국인 선교사들이 각 지역 교회들을 순회하
면서 설교와 교육을 담당했습니다. 어떤 때는 한국인 목사들 역시 그렇게 했습니다.

6) 헬라어 "πρεσβυτέριον(프레스뷔테리온)"을 번역한 것인데, '장로들의 회의체/조직
(council/body of elders)'을 의미합니다. 장로교회의 '노회(presbytery)'라는 용어가 여
기서 유래했습니다. 이 단어는 눅 22:66; 행 22:5에서 산헤드린이라는 회의체를 뜻하는
"장로들"로 번역되었습니다. 그리고 같은 단어가 딤전 4:14에서 신약 교회의 "장로회"
를 뜻하는 용어로 사용되었습니다.

로teaching elder인 목사를 '장로'라는 용어와 구분하는 경향이 지나치게 강한 반면, 이 교파들은 목사와 다스리는 장로 사이의 구별 자체를 약화하는 잘못을 범하고 있습니다.

| 장로의 높낮이

그런데 성경은 (목사를 포함한) 장로들 간의 계급을 말하지 않습니다. 예를 들어, 목사가 다스리는 장로보다 더 높다고 말하지 않으며, 그 역으로도 마찬가지입니다. 그뿐 아니라 목사들 간에도, 다스리는 장로들 간에도 높낮이에 대한 언급이 전혀 없습니다. 그래서 개혁신앙을 고백하는 교회들은 직분의 동등성을 언제나 강조했습니다. 이 원리가 무너질 때마다 교회 안에는 교권주의가 만연하여 타락하는 경향을 보였습니다.

> "하나님의 말씀 봉사자들 사이의 직무와 그 밖의 다른 일에서도 당
> 회의 판단에 따라 **상호동등성**이 유지되어야 한다. 이 **상호동등성**은
> 또한 장로들과 집사들 사이에도 유지되어야 한다."[7]

> "어느 교회도 어떤 방식으로든 다른 교회들을 지배하지 않아야 하
> 고, 어느 직분자도 다른 직분자들을 지배하지 않아야 한다."[8]

이 말은 연상의 목사들과 장로들을 업신여겨도 된다는 뜻이 아닙니다. 또한 먼저 임직한 직분자들을 함부로 대해도 된다는 뜻이 아님

---

7) 도르트 교회 질서. 제17조. 교회 직분자들 간의 의무의 동등성.
8) 도르트 교회 질서. 제81조. 지배의 금지.

니다. 정상적인 봉사를 해왔다면, 더 오랜 기간 봉사를 해온 사람들이 그 연륜만큼이나 본이 될 것이 틀림없습니다. 온 교회와 젊은 목사, 장로들은 마땅히 그들에 대한 깊은 존경심을 가져야 합니다. 그렇다고 해서 당회consistory/session와 노회presbytery 안에서 어느 한 사람이 다른 한 사람보다 더 큰 권리를 갖지는 못합니다. 한 사람이나 일군(一群)의 장로들이 다른 장로들 위에 군림하거나 그들을 하수인처럼 다루는 지위에 있지 않습니다.[9]

1. 감독교회(Episcopal Church)

감독교회주의를 고집하는 로마 천주교, 영국 성공회, 감리교 등은 이러한 **동등권을 약화**합니다. 감독교회 안에서는 직분자들 간에도 더 높은 지위 및 더 큰 권위를 가진 사람과 그렇지 못한 사람들이 있습니다. 예를 들어, 목사(또는 신부나 사제) 위에 감독(또는 주교, bishop)이 있습니다. 로마 천주교의 경우, 신부 위에 주교가, 주교 위에 추기경이, 그리고 제일 위에는 교황이 있습니다(영국 성공회의 경우, 세상 위정자인 국왕이 교회의 최고 직분자입니다). 즉, **직분의 상하관계**가 존재합니다.

이는 성경이 가르치는 바가 아닙니다. 앞의 제2장에서 살핀 바와 같이, '장로presbyter'와 '감독overseer'은 같은 직분을 가리키는 다른 표현입니다. 사도 바울은 에베소교회의 장로들을 가리켜 "감독"이라 부릅니다.

---

9) 최근 한국 교회 안에는 '총회장' 대신 '교단장'이라는 용어가 점점 널리 사용되고 있는 추세입니다. '총회장'은 행정적인 사회와 업무를 위임받아 시행할 뿐 어느 한 교파의 우두머리가 아닙니다. '교단장'은 장로교회에서 용납될 수 없는 교권주의적인 용어이므로 사용하지 말아야 합니다.

"바울이 밀레도에서 사람을 에베소로 보내어 교회 **장로들**을 청하니 17 … 너희는 자기를 위하여 또는 온 양떼를 위하여 삼가라 성령이 저들 가운데 너희로 **감독자**를 삼고 하나님이 자기 피로 사신 교회를 치게 하셨느니라 28"(행 20:17,28)

그러나 감독교회주의를 고집하는 교회들은 이 둘을 동의어로 보지 않습니다. 그 결과, 교회의 직분은 상하관계가 되었습니다.

2. 회중교회(Congregational Church)

이와는 대조적으로, **회중교회주의**를 고집하는 교회들은 동등성을 강조한 나머지 **직분과 은사의 특수성을 약화**합니다. 그래서 장로들의 말씀과 치리 사역을 회중이 담당하게 만들었습니다. 즉, 장로들이 아니라 **회중이 치리하는 교회**로 만든 것입니다.

이 역시 성경이 가르치는 바가 아닙니다. 앞의 제2장에서 살핀 바와 같이, 성령님께서 말씀과 치리 사역을 위해 세우신 자들은 바로 장로들이기 때문입니다[행 15장; 20:17,28~32; 딤전 3:1~7(특히 2,4~5절); 딤후 2:24~26; 4:1~4; 딛 1:5~9(특히 9절)].

3. 장로교회(Presbyterian Church)

가르치는 사역이 장로들에게 맡겨져 있으므로 목사는 다스리는 사역도 하지만, 무엇보다도 설교와 교리 교육을 전담합니다.

"그러므로 감독은 … 가르치기를 잘하며"(딤전 3:2)

"… 주의 종은 … 가르치기를 잘하며 …"(딤후 2:24)

동시에 다스리는 사역이 장로들에게 맡겨져 있으므로 장로들은 사랑과 인내로 교정과 훈계하는 일을 시행해야 합니다.

"마땅히 주의 종은 … 24 거역하는 자를 온유함으로 징계할찌니 혹 하나님이 저희에게 회개함을 주사 진리를 알게 하실까 하며25 저희로 깨어 마귀의 올무에서 벗어나 하나님께 사로잡힌바 되어 그 뜻을 좇게 하실까 함이라26"(딤후 2:24~26)

"감독은 … 7 미쁜 말씀의 가르침을 그대로 지켜야 하리니 이는 능히 바른 교훈으로 권면하고 거스려 말하는 자들을 책망하게 하려 함이라9"(딛 1:7,9)

"너는 말씀을 전파하라(필자 주: 설교하라) 때를 얻든지 못 얻든지 항상 힘쓰라 범사에 오래 참음과 가르침으로 경책하며 경계하며 권하라2 때가 이르리니 사람이 바른 교훈을 받지 아니하며 귀가 가려워서 자기의 사욕을 좇을 스승을 많이 두고3 또 그 귀를 진리에서 돌이켜 허탄한 이야기를 좇으리라4"(딤후 4:2~4)[10]

감독교회주의와는 달리, 장로들의 회(會)를 중시하는 교회 - 장로교회presbyterian church와 개혁교회reformed church - 는 **직분의 동등성**을 강조합니다. 직분 간에 상하관계가 없습니다. 교권주의를 경계하고 상호 존중과 겸손을 강조합니다. 또한 회중교회주의와는 달리,

---

10) 이 본문은 길거리 전도 명령이 아니라 목사 디모데에게 주신 설교 명령입니다. 이에 대한 상세한 설명으로는 권기현, 『선교, 교회의 사명』 30~50을 참고하십시오. 또한 이 본문을 설교 명령으로 해석하여 작성된 대교리 제159문답을 참고하십시오.

직분과 은사의 특수성을 중시합니다. 그래서 회중이 직접 말씀과 치리 사역을 하는 것이 아니라 장로들의 회(會)가 말씀과 치리 사역을 담당합니다. 장로들이 회중 위에 군림하지는 않지만, 그들을 다스리고 교정합니다. 그들에게 설교하고 교리를 가르칩니다. 이렇게 하는 이유는 단 하나, 성경이 그렇게 말씀하기 때문입니다.

장로교회에서는 당회consistory/session**와 노회**presbytery[11]**가 장로들의 회(會)입니다.** 당회는 한 개체 교회를 위해 봉사하는 장로들의 회(會)이며, 노회는 한 지역의 교회들을 위해 봉사하는 장로들의 회(會)입니다. **노회야말로 진정한 '장로회연합회'입니다.**

| 상하관계에 있는 단 한 분의 장로

마지막으로 한 가지 중요한 사실을 잊지 말아야 합니다. 사실 성경은 상하관계에 있는 한 사람의 장로가 있다는 사실을 가르칩니다. 그는 다른 모든 장로들보다 더 높고, 더 큰 권위를 갖고 있습니다. 사도 베드로는 수신자들에게 이 장로를 소개합니다.

"너희 중 **장로들**에게 권하노니 나는 **함께 장로 된 자**요 그리스도의 고난의 증인이요 나타날 영광에 참예할 자로라, 너희 중에 있는 하나님의 양 무리를 치되 부득이함으로 하지 말고 오직 하나님의 뜻을 좇아 자원함으로 하며 더러운 이를 위하여 하지 말고 오직 즐거운 뜻으로 하며, 맡기운 자들에게 주장하는 자세를 하지 말고 오직 양 무리의 본이 되라, 그리하면 **목자장**이 나타나실 때에 시들지 아니하

---

11) '노회(presbytery)'는 '장로들의 회(會)', 즉 '장로회'를 줄여서 부르는 용어입니다. 놀랍게도 장로교회 신자들조차 이 사실을 모르는 경우가 허다합니다.

는 영광의 면류관을 얻으리라4"(벧전 5:1~4)

베드로는 장로들을 마치 목자처럼 묘사합니다. 그들은 하나님의 양 무리를 치는 목자들입니다. 베드로 자신도 사도인 동시에 이 장로들의 일원입니다.

"… 나는 함께 장로 된 자요 …"(1절)

그런데 베드로는 또 한 명의 장로를 소개합니다. 그 사람도 목자이긴 하지만, 다른 목자들과는 신분의 차이가 있습니다. 그는 "목자장 chief shepherd"12, 즉 목자들의 우두머리입니다.

"그리하면 **목자장**이 나타나실 때에 시들지 아니하는 영광의 면류관을 얻으리라"(4절)

그는 교회 앞에 지금 나타나지 않습니다. 그러나 언젠가 틀림없이 양 무리에게로 돌아올 것입니다. 그는 바로 우리 주 예수 그리스도십니다. 사도 베드로는 앞 문맥에서도 예수 그리스도를 "목자"와 "감독"이라고 부르는데, 그 이유는 그분이 '장로'이시기 때문입니다.

"너희가 전에는 양과 같이 길을 잃었더니 이제는 **너희 영혼의 목자와 감독 되신 이**에게 돌아왔느니라"(벧전 2:25)

---

12) "목자장"으로 번역된 헬라어 명사는 "ἀρχιποίμην(아르키포이멘)"입니다. 이는 '목자(shepherd)'라는 뜻을 가진 'ποιμήν(포이멘)' 앞에 '최고의(arch)'라는 뜻을 가진 접두어 'ἀρχι(아르키)'가 합쳐져 만들어진 합성어입니다.

예수 그리스도께서 교회의 수(首) 장로이십니다. 수 장로는 당회실에 앉아 있지 않습니다. 그분은 하늘 보좌에 앉아 다스리고 계십니다. 흉악한 이리로부터 그분의 양 무리를 지키고 계십니다. 말씀과 성례로 그분의 양 무리를 먹이고 계십니다. 장차 다시 오셔서 산 자들과 죽은 자들을 심판하실 것입니다. 교만한 폭군 목자들을 불 못에 던지시고, 착하고 충성된 목자들에게는 상을 주실 것입니다. 수많은 장로 중 단 한 분만이 더 높은 장로이십니다. 양 무리의 목자인 장로들을 최종적으로 치리하고 심판하는 목자장이십니다.

그분이 재림the Second Advent하시는 바로 그 날이 대심방의 날입니다. 평소에 장로들을 통해 심방을 받아 회개하고 자신을 교정하는 자들은 이 대심방의 때를 위해 준비하며 훈련받고 있습니다. 그러나 장로들의 권위를 업신여기며 자신을 교정하지 않는 다른 이들은, 밤에 도적같이 임하는 이 대심방의 날에 큰 심판 앞에 설 것입니다. 목자장께서 그들을 바깥 어두운 곳으로 출교해버리실 것입니다. 슬피 울며 이를 갈아도 소용없는 바로 그곳으로….

필자는 목사이므로 장로들의 회(會)의 일원입니다. 동시에 예수 그리스도라는 장로의 치리를 받는 장로교회 신자입니다. 그분의 양 무리인 여러분과 함께!

1. 두 종류의 장로를 말해보십시오. 그것이 어느 성경 구절에 기록되어 있습니까?

2. 감독교회주의와 장로교회의 차이는 무엇입니까? 장로교회는 어떤 점을 강조합니까?

3. 회중교회주의와 장로교회의 차이는 무엇입니까? 장로교회는 어떤 점을 강조합니까?

4. 장로교회 안에 있는 두 종류의 장로들의 회(會)는 무엇입니까? 각각 무엇을 위해 봉사합니까?

5. 장로들 중에서 가장 높은 단 한 분의 장로는 누구십니까? 그분은 장로로서 어떤 일을 하십니까?

6. 한 걸음 더 장로인 목사가 전하는 설교에 귀를 기울이고 있습니까? 당회의 치리와 감독과 지도를 받고 있습니까? 장로로 봉사하는 분들은 자신의 직무를 알고 있습니까? 이를 위해 내가 교정해야 할 점이 무엇입니까?

여자도 장로가 될 수 있습니까?

"모든 성도의 교회에서 함과 같이 여자는 교회에서 잠잠하라 저희의 말하는 것을 허락함이 없나니 율법에 이른것 같이 오직 복종할 것이요 34 만일 무엇을 배우려거든 집에서 자기 남편에게 물을찌니 여자가 교회에서 말하는 것은 부끄러운 것임이라 35"(고전 14:34~35)

"여자는 일절 순종함으로 종용히 배우라 11 여자의 가르치는 것과 남자를 주관하는 것을 허락지 아니하노니 오직 종용할찌니라 12 이는 아담이 먼저 지음을 받고 이와가 그 후며 13 아담이 꾀임을 보지 아니하고 여자가 꾀임을 보아 죄에 빠졌음이니라 14 그러나 여자들이 만일 정절로써 믿음과 사랑과 거룩함에 거하면 그 해산함으로 구원을 얻으리라 15"(딤전 2:11~15)

제4장
여자도 장로가 될 수 있습니까?

| 들어가면서

최근 대한예수교장로회(고신)의 자매 교파 중 하나인 화란개혁교회
[자유파, The Reformed Churches in the Netherlands(liberated)][1]가 여성 임직
ordination of women[2]을 가결했습니다. 이 교파는 고려신학교(현, 고신대
학교 송도캠퍼스) 건축을 위해 몇십 년 전 소속 교회들이 연보를 거두

---

1) 대한예수교장로회(고신) 헌법 교회정치 14장 161조 2항.
2) 한국 교회에서는 '여성 임직'보다는 '여성 안수'라는 용어가 일반화되어 있습니다. 이는
   여성이 다른 이에게 안수할 수 있다는 뜻이 아니라 여성도 안수를 받을 수 있다는 뜻
   입니다. 여기에서 안수는 교회 직분자로서의 '임직(ordination)'을 의미합니다. 전통적으
   로 개혁교회는 목사(가르치는 장로)의 임직에만 안수를 시행해오고 있습니다. 장로교
   회의 경우, 목사뿐 아니라 다스리는 장로의 임직에도 안수를 시행하기도 합니다. 그러
   나 여기에서 '여성 임직'은 좀 더 넓은 의미로, 여성들이 교회의 항존 직분자(목사, 장
   로, 집사)로 임직한다는 뜻입니다. 따라서 '여성 안수'보다는 '여성 임직'이 오해가 적을
   뿐 아니라 더 정확한 표현입니다.

어 후원했습니다. 그뿐 아니라 탁월한 신학자인 고재수N. H. Gootjes 박사를 교수 선교사로 파송하여 많은 후학을 길러내기도 했습니다. 화란개혁교회는 대한예수교장로회(고신)와 서로 자매 관계일 뿐 아니라 국제개혁주의교회협의회ICRC, International Conference of Reformed Churches[3]의 회원이기도 했습니다.[4] 그러기에 여성 임직 가결 소식은 더욱 충격적입니다.

최근 몇 세대 동안 많은 이들이 여권 신장을 주장해왔고, 또 많은 나라에서 그 업적을 달성해오고 있습니다. 여권 신장의 구체적 사안 중에는 여성의 구직과 승진, 휴가, 선거권과 피선거권 등이 있습니다. 그중에는 기독교의 핵심 교리와 직접 관련된 사안들도 있습니다. 낙태할 권리, 교회 직분의 차별 철폐(여성 임직) 등이 그 대표적인 실례입니다.

특히 여성 임직과 관련하여 교회의 지도자들 상당수가 이를 인권의 문제로 접근하고 있습니다. 그러나 애석하게도, 이것이 성경 주해의 문제이며, 더 나아가서는 성경의 영감inspiration 및 무오성inerrancy과 관련된 문제이기도 하다는 사실을 놓치고 있습니다. 그래

---

3) 전 세계의 장로교회와 개혁교회 가운데 성경의 영감(inspiration)과 무오성(inerrancy)을 전적으로 신뢰하는 교회들의 협의체로 30여 개 교파가 회원으로 가입해 있습니다. 한국에서는 대한예수교장로회(고신)와 독립개신교회 두 교단만이 이 협의체의 회원입니다.

4) 2017년 7월 캐나다 온타리오주에 위치한 임마누엘 연합개혁교회(Immanuel United Reformed Church)와 헤리티지 기독교 학교(Heritage Christian School)의 부속 건물에서 개최된 ICRC 총회(General Conference)에서 화란개혁교회(자유파)의 회원권이 보류된(suspended) 상태입니다.
"It was with much sadness, however, that the Conference suspended the membership of the Reformed Churches in the Netherlands (RCN), as it was deemed that they have broken with Article IV:4 of the Constitution in their recent synodical decision to permit the ordination of persons to the offices of minister and ruling elder contrary to the rule prescribed in Scripture."(in Press Release ICRC 2017).

서 여성 임직 반대자들은 마치 여성의 인권을 업신여기고 차별을 조장하는 사람들로 여겨지고 있는 현실입니다. 여성 임직 찬성자들의 견해는 이 한마디로 요약됩니다.

"요즘 같은 시대에 여성 목사, 여성 장로를 반대하는 것은 성차별이다. 성경은 남녀차별을 반대한다."

이 글에서 필자는 이와 관련한 모든 문제를 다룰 수 없습니다. 다만, 여성 임직과 관련하여 가장 쟁점이 되는 본문 중 하나인 고전 14:34b~35를 바울의 저작이 아닌 후대의 첨가로 보는 견해에 대한 반박만 제시하려 합니다.

| 고전 14:34b~35에 대한 후대 첨가설

오늘날 전(全) 세계 교회 중 상당수, 심지어 개혁신앙을 표방한 교회들에서조차 다음의 주장이 점점 더 그 위력을 발휘하고 있습니다.

"고전 14:34b~35의 내용, 즉 '여자는 교회에서 잠잠하라'는 이 말씀은 원래 사도 바울이 쓴 글이 아니다. 이는 후대 교회의 신학적 전통 또는 후대 필사자가 첨가한 삽입 구문이므로 오늘날 더 이상 구속력을 지니고 있지 않다."

이 주장의 근거를 몇 가지 들면 다음과 같습니다.

1. 문맥
고전 14:34b~35를 빼고 읽으면 오히려 문맥에 더 잘 어울린다.

2. 성경 사본
어떤 사본들에는 고전 14:34b~35의 내용이 40절 뒤에 나타나기도 한다.

3. 율법주의와 가부장주의
34b~35절의 "율법에 이른것 같이", "여자가 교회에서 말하는 것은 부끄러운 것임이라"는 표현은 후대 교회의 신학 또는 필사자의 신학을 반영하고 있다. 이는 율법주의적 성향을 가지며, 전통을 존중하며, 사회의 시선에 민감한 가부장적 권위주의로 요약된다.

4. 현실적 문제
오늘날 실제로도, 그리고 현실적으로도 이 본문을 지키지 못하고 있는 상황이므로 사본 필사자의 삽입이며, 정경으로 인정받을 수 없는 이 본문의 권위가 재고되어야 한다.

이상의 주장이 사실이라면, 우리는 고전 14:34b~35에 대해 다음과 같이 주장해야 합니다.

첫째, 이 본문은 신적 영감으로 기록된 성경이 아니다. 그러므로 이 속에 담긴 명령에는 강제성이 없다.
둘째, 이 본문은 우리에게 후대 교회의 가르침이 원래 바울이 가르친 복음을 후퇴시켰다는 사실을 보여주는 증거일 뿐이다.

그러나 과연 그렇습니까?

| 고전 14:34b~35의 정경성(Canonicity)과 진정성(Genuineness)

1. 문맥 :

고전 14:34b~35를 빼고 읽으면 문맥에 잘 어울린다는 것은 위험한 발상입니다.

이에 대해서는 매우 신중한 태도가 필요합니다. 성경에는 종종 문맥과 상충하는 것처럼 보이는 내용이 자주 등장하기 때문입니다.

한 예로, 창세기 38장을 들 수 있습니다. 유다가 다말에게서 베레스와 세라를 낳은 기사입니다. 이 기사는 문맥을 단절하는 것처럼 보입니다. 성경에서 이 장의 내용을 생략하고 읽으면 창세기 37장에서 39장으로 매끄럽게 연결되니까요.

그러나 창세기 38장은 요셉이 애굽으로 팔려간 구속사적 배경과 의미를 제공합니다. 요셉 기사는 어떤 신앙 좋은 한 영웅의 자수성가 이야기가 아닙니다. 하나님께서 족장 시대의 중보자 요셉을 통해 두 가지를 보존하고 계심을 보여줍니다. 첫째는 구약 교회(이스라엘)입니다. 다른 하나는 메시아의 계보입니다. 창세기 38장은 교회의 연약함에도 메시아의 계보를 보존하시는 하나님의 역사를 보여줍니다.

다른 예로 창 13:7b를 들 수 있습니다. 아브람의 가축을 치는 목자와 롯의 가축을 치는 목자가 서로 다투는 기사(창 13:7a) 바로 다음에 난데없이 "또 가나안 사람과 브리스 사람도 그 땅에 거하였는지라"(창 13:7b)는 어구가 끼어듭니다. 그 바로 다음 구절부터는 아브람이 롯과 대화하여 두 진영 사이의 갈등과 다툼을 막는 장면이 나옵니다. 이 문맥에서 창 13:7b는 자연스러운 문맥을 방해하는, 마치 목에 걸린 가시 같습니다. 이 부분만 없으면 앞뒤 문맥이 자연스럽게 연결되는 것처럼 보입니다.

"아브람의 일행 롯도 양과 소와 장막이 있으므로5 그 땅이 그들의 동거함을 용납지 못하였으니 곧 그들의 소유가 많아서 동거할 수 없었음이라6 그러므로 아브람의 가축의 목자와 롯의 가축의 목자가 서로 다투고 또 가나안 사람과 브리스 사람도 그 땅에 거하였는지라 7 아브람이 롯에게 이르되 우리는 한 골육이라 나나 너나 내 목자나 네 목자나 서로 다투게 말자8 네 앞에 온 땅이 있지 아니하냐 나를 떠나라 네가 좌하면 나는 우하고 네가 우하면 나는 좌하리라9"(창 13:5~9)

그러나 창 13:7b는 하나님의 백성들 간의 다툼과 분열이 가져올 잠재적 위험을 보여줍니다. 당대 교회는 아직 땅을 기업으로 얻지 못한 상태에서 이방 족속들 사이에 거주하고 있습니다. 교회는 다툼과 분열로 인해 생존을 위협받습니다. (특히 구약 교회의 생존은 메시아의 계보 보존과 관련되어 있음에 유의해야 합니다. 족장 시대의 가장 중요한 사명 중 하나는 바로 생존과 출산이었습니다.) 롯과 헤어지려는 아브람의 권고는 단순히 양보의 미덕이라는 교훈을 넘어 참 교회의 보존 그리고 약속의 씨에 대한 보존을 보여줍니다. 아브람은 주위 가나안 사람과 브리스 사람으로부터 생존의 위협을 받는 것보다 차라리 손해를 보는 길을 택합니다.5 그는 참으로 믿음의 사람입

---

5) 창 13:7b와 같은 표현이 이후에 창 34:30에도 등장합니다. 야곱의 아들들, 특히 시므온과 레위는 하나님께서 주신 은혜의 방편(할례)을 사적인 복수의 도구로 사용합니다. 그

니다.

만일 성경의 어떤 본문이 문맥과 상관없이 갑자기 등장한다는 생각이 들 때, 과연 어떤 것이 정직한 태도일까요? 외견상 그 본문이 문맥과 맞지 않게 보인다는 이유로 성경에서 제외하거나 후대에 첨가된 것이라고 단정하는 것이 온당한 태도일까요? 아니 오히려 우리는 그 성경 말씀 앞에 엎드려 이렇게 성경을 기록하신 하나님의 의도에 귀 기울여야 합니다. 성령 하나님께서 우리의 닫힌 귀를 여시고 우리의 우둔한 지혜를 밝혀주시도록 기도해야 합니다.

또한 우리는 하나님께서 어떤 본문은 좀 더 쉽게, 또 어떤 본문은 좀 더 어렵게 기록하셨다는 사실도 인정해야 합니다. 예를 들면, 고전 15:29와 같은 본문 말입니다.

"만일 죽은 자들이 도무지 다시 살지 못하면 죽은 자들을 위하여 세례 받는 자들이 무엇을 하겠느냐 어찌하여 저희를 위하여 세례를 받느뇨"(고전 15:29)

이 본문에 대한 학자들의 해석은 수십 가지입니다. 솔직히 필자는 이 본문이 무엇을 의미하는지 잘 모릅니다.

문맥과 상이하게 보이는 본문을 묵상할 때, 그래서 그 본문을 이해하기 어려울 때, 우리는 이를 후대의 첨가라고 곧바로 단정해서는 안 됩니다. 오히려 거기서 멈춰 한 호흡 숨을 고르는 법을 배울 필요

들이 세겜의 주민들을 살육한 일은 교회의 생존에 큰 위기를 초래합니다.
"야곱이 시므온과 레위에게 이르되 너희가 내게 화를 끼쳐 나로 이 땅 사람 곧 가나안 족속과 브리스 족속에게 냄새를 내게 하였도다 나는 수가 적은즉 그들이 모여 나를 치고 나를 죽이리니 그리하면 나와 내 집이 멸망하리라"(창 34:30)

가 있습니다. 때로는 하나님께서 그 뜻을 알려주실 때까지 기다리는 인내도 배워야 합니다. (필자가 위에서 몇 가지 예를 든 것처럼) 문맥과 상충하게 보이는 본문은 오히려 자주 하나님께서 그 본문 - 또는 사건 - 의 의미를 가르쳐주시는 실마리가 됩니다.

결론적으로, 34b~35절이 문맥에 어울리지 않는다는 주장은 객관적 증거보다는 주관적인 판단에 의해 정경성canonicity을 결정하려는 시도에 지나지 않습니다.

2. 성경 사본 :

현존하는 사본들의 증거는 오히려 이 본문의 진정성과 권위를 뒷받침합니다.

어떤 신학자들이 34b~35절을 후대의 첨가라고 주장하는 다른 이유는 사본들의 증거 때문입니다. 그들은 사본학적으로 볼 때, 이 본문이 바울의 저작일 수 없다고 주장합니다. 어떤 사본들에는 34b~35절의 내용이 40절 바로 뒤에 적혀 있기 때문입니다. 그러나 이것이 후대 첨가를 입증하는 사본학적 증거가 될 수 있을까요?

현존하는 신약성경 사본들은 크게 여섯 가지로 분류되는데, 다음과 같습니다.

① 파피루스 사본(100개 내외)
② 대문자 사본(300개 내외)
③ 소문자 사본(3,000개 미만)
④ 성구집(聖句集, lectionary, 3,000개 미만) [6]

---

6) 구약성경과 신약성경에 의하면, 교회는 회중에게 정기적으로 성경을 봉독했습니다. 이 전통은 초대 교회사에서도 계속되었습니다. 이는 설교 본문이 아니라 정해진 순서에

⑤ 고대 역본들

⑥ 교부들의 인용문

위의 여섯 가지 중 ①~④는 헬라어 사본들입니다. 그런데 고전 14:34b~35가 한글개역성경 및 한글개역개정성경과 같은 위치에 그대로 기록되어 있는 사본들은 다음과 같습니다.

① 파피루스 사본: P46

② 대문자 사본: ℵ(시내 산 사본), A, B(바티칸 사본), Ψ, 0150, 0243

③ 소문자 사본: 6, 33, 81, 104, 256, 263, 365, 424, 436, 459, 1175, 1241, 1319, 1573, 1739, 1852, 1881, 1912, 1962, 2127, 2200, 2464와 절대다수 사본들(Majority Text)

따라 구약과 신약성경을 회중에게 읽어주는 시간입니다. 이렇게 공예배의 성경 봉독을 위한 필사본이 성구집(lectionary)입니다. 현대의 많은 교회 안에서, 모든 회중이 성경을 소유하고 있다는 이유로 공예배에서 이 순서가 없습니다. 그러나 단지 이러한 이유로 성경 봉독을 공예배 순서에서 제외할 수 있는지는 더 깊은 연구가 필요합니다. 오히려 개혁신앙을 고백하는 교회들은 공예배에서의 성경 봉독(Reading the Scripture)의 중요성을 강조합니다. 공예배의 요소인 성경 봉독에 대해서는 R. G. Rayburn, 『예배학』, 김달생, 강귀봉 공역, O Come, Let Us Worship: Corporate Worship in the Evangelical Church (서울: 성광문화사, 1982), 239~242, 244~247; G. van Dooren, 『언약적 관점에서 본 예배의 아름다움』, 안재경 역 (서울: SFC, 1994), 47~48; T. L. Johnson ed. by, Reading in Worship (Oak Ridge, TN: Covenant Foundation, 1996), 33 and footnote no. 16 in 36; J. A. de Jong, 『개혁주의 예배』, 황규일 역, Into His Presence: Perspectives on Reformed Worship (서울: CLC, 1997), 115~118; Bryan Chapell, Christ-Centered Worship: Letting the Gospel Shape Our Practice (Grand Rapids, MI: Baker Academic, 2009), 220~233; T. L. Johnson and J. L. Duncan III, "공동예배에서 성경 읽기와 성경의 내용으로 기도하기", 『개혁주의 예배학: 예배 개혁을 위한 비전』, 김병하, 김상구 공역, Give Praise to God (서울: P&R, 2012), 241~287; K. Deddens, 『예배, 하나님만을 향하게 하라』, 김철규 역, Where Everything Points to Him (서울: SFC, 2014), 75~89; 안재경, 『예배, 교회의 얼굴: 교회가 제대로 된 얼굴을 가질 때까지』 (여수, 전남: 그라티아, 2014), 161~169를 참고하십시오.

④ 성구집: 절대 다수

⑤ 고대 역본들: 라틴어, 벌게이트, 시리아, 곱틱, 아르메니아, 이디오피아, 게오르기아, 슬라브 등

⑥ 교부들의 인용문: 크리소스톰, 데오도렛 등과 심지어는 이단자인 펠라기우스까지

34b~35절이 지금 우리가 읽는 그 위치가 아니라 40절 바로 뒤에 적혀 있는 사본들은 매우 소수(D. F. G. a. b. 암브로시아스터)입니다. 사본들의 수(數)를 보아도, 그리고 지역별 비중을 보아도 이 본문이 40절보다 뒤에 놓이는 것보다는 현재 위치에 있는 것이 훨씬 적합합니다.

현대 사본학자들은 시내 산 사본(ℵ)과 바티칸 사본(B)을 매우 선호하는 경향이 있습니다. 실제로 이 두 사본은 현존하는 대문자 사본 중 가장 오래된 사본들이며, 그 보존 상태가 좋을 뿐 아니라 신약성경 대부분을 가지고 있기 때문에 사본학적 가치가 매우 높습니다. 그러나 현대 사본학자들은 이 두 사본에 지나치게 의존하는 경향이 있습니다. 다른 사본들의 증거가 있어도 이 두 사본에 없으면 원래 원본에 없었다고 주장할 정도입니다. 그런데 위의 '②대문자 사본'에서 보는 바와 같이, 이 두 사본 모두 오늘날 우리가 가지고 있는 성경의 문맥 그대로 34b~35절 자리에 간직하고 있습니다.

그러니 그 어느 사본학적인 잣대를 갖다 댄다 해도 34b~35절의 정경적 권위를 무시할 만한 사본학적 증거가 없습니다. 무엇보다도 고린도전서 14장을 가지고 있는 사본 중 이 본문을 빠뜨리고 있는 사본은 없다고 해도 과언이 아닙니다. 즉, 고전 14장을 가지고 있는

현존하는 거의 모든 사본들은 서로 약간의 차이[7]는 있지만, 34b~35절 본문을 그 속에 포함하고 있습니다.

결론적으로 34b~35절이 후대 필사자의 삽입이라는 견해는 그들의 주장과는 달리 사본들의 외적 증거를 받지 못합니다.

3. 율법주의와 가부장주의 :

"율법에 이름과 같이"라는 표현은 오히려 성경의 통일성과 권위를 뒷받침합니다.

신약시대에 살고 있는 우리는 구약의 제사법(의식법)과 시민법(재판법)을 문자 그대로 지키지 않습니다.[8] 예를 들면, 우리는 더 이상 소와 양의 피로 제사를 드리지 않습니다. 우리는 레위기 11장에 언급된 가증한 동물이 그릇 위로 지나가도 그 그릇을 깨뜨리지 않습니다.

그러나 구약의 율법을 문자 그대로 지키지 않는다는 말을 율법 무용론(無用論) 또는 폐기론(廢棄論)과 같은 뜻으로 곡해하면 안 됩니다. 예수님께서 친히 하신 말씀과 같이, 모든 구약성경은 예수 그리스도 그분을 계시하여 우리에게 영생을 주시는 하나님의 말씀이기 때문입니다.

---

7) 사본들 간의 차이가 있는 부분을 '상이독본(variant)'이라 부릅니다.
8) "3. 보통 도덕법이라 불리는 이 법 외에도 하나님께서는 미성숙한 교회인 이스라엘 백성에게 여러 예표적인 규례들을 담고 있는 의식법을 기꺼이 주셨다. 이 의식법의 한 부분은 그리스도와 그분의 은혜와 활동과 고난과 은덕들을 예표하는 예배에 대한 것이고, 또 한 부분은 도덕적 의무에 대한 교훈을 제시한다. 모든 의식법은 새 언약 아래에서는 이제 폐기되었다.
　4. 하나님께서는 정치 조직체이기도 한 이스라엘 백성에게 여러 가지 재판법도 주셨는데, 이것은 그 백성의 신분과 더불어 폐지되었다. 이제 이 법은 일반적인 공정성이 요구하는 것 말고는 누구에게도 더 이상 구속력을 지니지 않는다."(웨스트민스터 신앙고백서 19:3~4)

"너희가 성경에서 영생을 얻는줄 생각하고 성경9을 상고하거니와 이 성경이 곧 내게 대하여 증거하는 것이로다"(요 5:39)

신약성경은 구약의 율법을 셀 수 없을 정도로 자주 인용합니다. 심지어 사도 바울은 구약의 율법을 근거로 이신칭의(以信稱義)의 복음을 논증합니다.

"성경이 무엇을 말하느뇨 아브라함이 하나님을 믿으매 이것이 저에게 의로 여기신바 되었느니라"(롬 4:3; 참고. 창 15:6)

구약의 율법인 신 25:4를 가져와 사도 직분과 장로 직분을 설명합니다.

"내가 사람의 예대로 이것을 말하느냐 율법도 이것을 말하지 아니하느냐8 모세 율법에 곡식을 밟아 떠는 소에게 망을 씌우지 말라 기록하였으니 하나님께서 어찌 소들을 위하여 염려하심이냐9 전혀 우리를 위하여 말씀하심이 아니냐 과연 우리를 위하여 기록된 것이니 밭가는 자는 소망을 가지고 갈며 곡식 떠는 자는 함께 얻을 소망을 가지고 떠는 것이라10 우리가 너희에게 신령한 것을 뿌렸은즉 너희 육신의 것을 거두기로 과하다 하겠느냐11"(고전 9:8~11)

"잘 다스리는 장로들을 배나 존경할 자로 알되 말씀과 가르침에 수고하는 이들을 더할 것이니라17 성경에 일렀으되 곡식을 밟아 떠는

---

9) 예수님께서 이 말씀을 하신 그 시점에는 신약성경이 기록되지 않은 상태였습니다. 그러니 이 본문에서의 "성경"은 우선적으로 구약성경을 가리킵니다.

소의 입에 망을 씌우지 말라 하였고 또 일군이 그 삯을 받는 것이 마땅하다 하였느니라18"(딤전 5:17~18)

또한 고린도전서에서 사도 바울은 방언이 믿지 않는 자들을 위한 표적, 즉 본문의 문맥상 믿지 않고 복음을 대적하고 있는 유대인들에게 보여주시는 심판의 표적이라고 말씀합니다. 이때 그는 그 근거로 사 28:11을 들어서 설명합니다.

"율법에 기록된바 주께서 가라사대 내가 다른 방언하는 자와 다른 입술로 이 백성에게 말할찌라도 저희가 오히려 듣지 아니하리라 하였으니21 그러므로 방언은 믿는 자들을 위하지 않고 믿지 아니하는 자들을 위하는 표적이나 예언은 믿지 아니하는 자들을 위하지 않고 믿는 자들을 위함이니22"(고전 14:21~22; 참고 사 28:11)

사 28:11은 하나님께서 믿지 않는 옛 언약 백성들에게 다른 언어로 말씀을 주실 것이라고 경고하는 말씀입니다. 하나님께서 오순절과 그 이후에 방언을 주신 사건은 믿지 않는 유대인들에게는 심판의 표적이 되었습니다. 자신들의 언어가 아닌 다른 언어로 하나님의 말씀이 주어진다는 것은, 이제 하나님께서 옛 언약 공동체인 이스라엘 대신 그리스도를 믿고 순종하는 이방인들을 자기 백성 삼으시겠다는 무서운 심판의 메시지이기 때문입니다.[10] 만일 위의 논리대로라면,

---

10) 방언에 대해 보다 깊이 알기를 원하는 분은 권기현, 『방언이란 무엇인가: 방언에 대한 다섯 가지 질문과 구속사적·교회론적·예배론적 이해』(경산: R&F, 2016)를 참고하십시오. 이 책은 몽골어로도 출간되어 몽골장로교신학교의 주 교재 중 하나로 사용되고 있는데, 이 신학교는 몽골에서 여성 장로와 여성 목사가 없는 유일한 교파인 몽골장로교총회의 목사 양성기관입니다.

이 본문 역시 바울이 전한 하나님의 말씀이 아니라 율법주의 성향을 가진 후대 필사자의 삽입이라고 말해야 합니다.

하나만 더 예를 들자면, 사도 바울은 고린도후서에서도 신약시대에 더 이상 문자 그대로 지킬 필요가 없는 구약의 정결법[11]을 들어 성도가 믿지 않는 자와 멍에를 같이 할 수 없다는 가르침의 근거로 사용합니다.

"너희는 믿지 않는 자와 멍에를 같이 하지 말라 의와 불법이 어찌 함께하며 빛과 어두움이 어찌 사귀며[14] 그리스도와 벨리알이 어찌 조화되며 믿는 자와 믿지 않는 자가 어찌 상관하며[15] 하나님의 성전과 우상이 어찌 일치가 되리요 우리는 살아 계신 하나님의 성전이라 이와 같이 하나님께서 가라사대 내가 저희 가운데 거하며 두루 행하여 나는 저희 하나님이 되고 저희는 나의 백성이 되리라 하셨느니라[16] 그러므로 주께서 말씀하시기를 너희는 저희 중에서 나와서 따로 있고 부정한 것을 만지지 말라 내가 너희를 영접하여[17] 너희에게 아버지가 되고 너희는 내게 자녀가 되리라 전능하신 주의 말씀이니라 하셨느니라[18]"(고후 6:14~18)

사도 바울이 고후 6:17에서 직접 인용하고 있는 본문은 사 52:11입니다. 그리고 사 52:11은 모세 율법의 정결법에 기초하여 여호와의 기구를 메는 자들이 부정한 것을 만져서는 안 된다고 경고하는 내

---

11) 사도행전 10장의 사건, 즉 이방인 고넬료 가정에 성령이 임한 사건은 구약의 정결법, 특히 레위기 11장의 동물의 정결법이 이제 문자 그대로 지켜져야 할 필요가 없게 되었음을 보여줍니다. 이에 대해서는 권기현, 『선교, 교회의 사명』 100~116을 참고하십시오.

용입니다. 구약의 정결법은 특히 레위기 11~15장에 가장 잘 나타나 있습니다. 즉, 사도 바울은 모세 율법으로부터 시작하여 이사야에서 언급하는 이 정결법에 근거하여 성도가 믿지 않는 자와 멍에를 같이 해서는 안 된다고 명령하고 있는 것입니다.

만일 구약 율법을 인용하여 설명했다는 사실을 들어 율법주의라고 말해야 한다면, 구약의 율법을 근거로 복음을 설명하는 다른 모든 본문들까지도 율법주의적 성향을 가진 후대 필사자의 삽입이라고 말해야 할 것입니다. 구약의 율법을 들어서 신약의 교회를 교훈하는 것은 사도들의 권위 있는 계시 전달방식 중 하나였습니다. 사도들은 자신들이 선포하는 예수 그리스도의 복음이 다른 데서 온 이종(異種)이 아니라 오히려 유대인들이 그토록 자랑하던 바로 그 구약성경에 기초한 것임을 자주 논증했습니다. 예수 그리스도께서 구약의 약속을 성취한 분이시기 때문입니다.

그러니 율법주의를 운운하여 34b~35절의 후대 첨가를 주장하는 것은 신약성경 전체의 지지를 받지 못할 뿐 아니라 객관적인 증거가 되지 못합니다.

4. 현실적 문제 :

교회의 현실적 상황에 성경을 맞추는 대신, 성경에 우리 자신을 맞추어야 합니다.

현대 한국 교회 안에서 여성이 차지하고 있는 현실적 상황, 즉 교회의 현실론을 제기하는 것은 이 본문의 권위를 실추시킬만한 이유가 되지 못합니다. 만일 오늘날 한국 교회가 이 구절을 잘 지키지 못하고 있다면, 우리는 이 구절의 의미를 축소하기보다는 하나님의 말씀의 한 부분을 경홀히 여긴 우리 자신을 반성하고 회개해야 하지 않겠습니까?

한편, 이 본문에서 "여자가 교회에서 잠잠"할 것과 "여자가 교회에서 말하는 것이 부끄러운" 것이라는 사실을 들어 성차별을 주장해서도 안 됩니다. 이는 교회 안에서의 여성들의 활동을 제약하는 말씀이 아닙니다. 고전 14:34~35와 딤전 2:11~15는 여성의 공예배 설교와 가르침을 금지합니다. 또한 공적 다스림, 즉 치리를 금지합니다. 다시 말하자면, 여성이 가르치는 장로(목사)나 다스리는 장로로 임직받아 공예배 설교와 당회의 치리 사역을 할 수 없음을 의미합니다.

> "여자는 교회에서 잠잠하라 저희의 말하는 것을 허락함이 없나니 …"(고전 14:34)

> "여자의 가르치는 것과 남자를 주관하는 것을 허락지 아니하노니 …"(딤전 2:12)

성경은 여성들의 활동 자체를 금하지 않습니다. 초대 교회의 여성들은 매우 활발하게 다른 이들을 도왔고, 기도에 힘썼습니다.

> "여자들과 예수의 모친 마리아와 예수의 아우들로 더불어 마음을 같이하여 전혀 기도에 힘쓰니라"(행 1:14)

> "욥바에 다비다라 하는 여제자가 있으니 그 이름을 번역하면 도르가라 선행과 구제하는 일이 심히 많더니"(행 9:36)

그러므로 직분자가 되어 설교와 치리 사역을 하지 않더라도, 여성들이 교회 안에서 얼마든지 자신의 은사를 활용할 수 있습니다. 교회는 이들의 활동을 적극 장려해야 합니다.

성경의 증거는 여성을 장로 — 가르치는 장로인 목사와 다스리는 장로 — 로 임직하는 것을 지지하는 것보다는 오히려 그 반대입니다. 성경의 어떤 본문들은 때때로 우리의 마음을 아프게 합니다. 우리를 어리둥절하게 또는 당황하게 만듭니다. 그러나 우리는 이것을 굳게 믿습니다. 하나님께서 우리를 위해, 그리스도의 몸 된 교회를 굳게 하시기 위해 그 본문을 우리에게 주셨다는 사실입니다.

1. 평소에 여성 목사, 여성 장로에 대해 어떤 생각을 가지고 있었는지 서로 말해봅시다.

2. 여성 임직은 인권의 문제입니까? 아니면 성경 영감과 권위의 문제입니 까?

3. 성경 본문은 여성이 무엇을 하는 것을 금지합니까? 대표적인 두 가지를 말해보십시오.

4. 고전 14:34~35에 대해 현존하는 성경 사본들은 무엇을 뒷받침합니까?

5. 신약의 구약(특히 율법) 사용은 신약 저자들의 문제점을 노출합니까? 아 니면 성경의 통일성과 권위를 뒷받침합니까?

6. 한 걸음 더 성경 말씀에 합당하게 여성들이 교회 안에서 활동할 수 있는 영역에는 어떤 것들이 있는지 서로 말해봅시다.

제5장

장로들의 회(會)와 지상대명령

"열 한 제자가 갈릴리에 가서 예수의 명하시던 산에 이르러 16 예수를 뵈옵고 경배하나 오히려 의심하는 자도 있더라 17 예수께서 나아와 일러 가라사대 하늘과 땅의 모든 권세를 내게 주셨으니 18 그러므로 너희는 가서 모든 족속으로 제자를 삼아 아버지와 아들과 성령의 이름으로 세례를 주고 19 내가 너희에게 분부한 모든 것을 가르쳐 지키게 하라 볼 찌어다 내가 세상 끝날까지 너희와 항상 함께 있으리라 하시니라 20"(마 28:16~20)

"안디옥 교회에 선지자들과 교사들이 있으니 곧 바나바와 니게르라 하는 시므온과 구레네 사람 루기오와 분봉왕 헤롯의 젖동생 마나엔과 및 사울이라 1 주를 섬겨 금식할 때에 성령이 가라사대 내가 불러 시키는 일을 위하여 바나바와 사울을 따로 세우라 하시니 2 이에 금식하며 기도하고 두 사람에게 안수하여 보내니라 3"(행 13:1~3)

"각 교회에서 장로들을 택하여 금식 기도하며 저희를 그 믿은바 주께 부탁하고"(행 14:23)

"네 속에 있는 은사 곧 장로의 회에서 안수 받을 때에 예언으로 말미암아 받은 것을 조심 없이 말며"(딤전 4:14)

제5장

장로들의 회(會)와 지상대명령

| 선교와 개인주의

선교에 대한 한국 교회의 열심과 헌신은 전 세계에 이미 널리 알려져 있습니다. 한국은 미국 다음으로 선교사를 많이 보내는 나라입니다. 선교사로 가지 않더라도, 남녀노소를 무론하고 많은 성도들이 선교 현지를 자주 방문합니다. 거기서 예배당 건축과 수리, 의료 사역, 구제 사역, 마을 잔치 등 여러 가지 봉사와 헌신을 하는 프로그램에 참여하기도 합니다.

필자는 선교 현지의 어느 한인 교회에서 부교역자로 사역한 경험이 있습니다. 그 이후에도 선교 현지를 방문할 기회가 자주 있었습니다. 그동안 선교사를 자처하는 다양한 사람들을 만났습니다. 선교에 헌신하기 위해 외국에 와 있다는 그리스도인들도 자주 만났습니다. 그런데 파송 받은 교단이나 교회를 물어보면, 의아한 표정을 지으며 반응하는 분들이 꽤 있었습니다.

"선교를 하는데 꼭 파송을 받아야 하나요?"

"선교는 저와 하나님 사이의 약속이고 사명인데, 교회의 파송을 받는 것이 뭐 그리 중요하겠습니까? 저는 그런 인위적인 것에 얽매이지 않습니다."

"기도하는 중에 하나님께로부터 선교의 사명을 받아 목회를 사임하고 스스로 이곳에 왔습니다."

오늘날 한국 교회 안에서 그리고 선교 현지에서, 선교는 단지 개인의 결단과 선택에 달린 문제라는 인식이 널리 퍼져있습니다. 더욱이 선교가 장로 직분과 관련된 것이라고 생각하는 분은 거의 없습니다.

그러나 성경적인 선교는 장로 직분과 떨어져 존재할 수 없습니다. 선교는 복음이 전파되지 않은 지역에 공교회Catholic Church[1]를 건설하는 사역이며, 교회는 "장로들의 회(會)"를 통해 이를 수행하기 때문입니다. 공교회와 장로 임직이라는 이 둘 사이의 뗄 수 없는 관계는 어느 신학자, 또는 16세기 개혁자들에게서 시작된 것이 아닙니다. 이 둘의 관계는 우리 주 예수 그리스도로부터 시작되었습니다.

---

1) 이는 시대와 장소를 초월하여 보편적(Universal)으로 존재하는, 예수 그리스도를 머리로 하는 참 교회를 의미합니다. 16세기 개혁자들뿐 아니라 모든 시대의 정통 교회와 그 지도자들은 공교회에 속하지 않으면 구원이 없다고 고백해왔습니다.

| 장로들의 회(會)와 그리스도의 지상대명령(The Great Commission)

부활하신 예수 그리스도께서는 갈릴리의 한 산에서 열한 사도를 만나십니다. 그리고 그들에게 이렇게 명령하십니다.

"그러므로 너희는 가서 모든 족속으로 제자를 삼아 아버지와 아들과 성령의 이름으로 세례를 주고$_{19}$ 내가 너희에게 분부한 모든 것을 가르쳐 지키게 하라 볼찌어다 내가 세상 끝날까지 너희와 항상 함께 있으리라 하시니라$_{20}$"(마 28:19~20)

우리는 예수님께서 이 말씀을 우선적으로 사도들에게 하셨다는 사실을 기억해야 합니다.

"열 한 제자가 갈릴리에 가서 예수의 명하시던 산에 이르러$_{16}$ 예수를 뵈옵고 경배하나 오히려 의심하는 자도 있더라$_{17}$ 예수께서 나아와 일러 가라사대 …$_{18}$"(마 28:16~18)

그러므로 19절의 "너희"는 16절에 언급된 "열 한 제자", 즉 (자살한 가룟 유다를 제외한) 사도들입니다. 예수님께서 하신 이 명령을 간단한 구조로 나타내면 다음과 같습니다.

"그러므로 너희는 가서 모든 족속으로 **제자를 삼으라**(필자 주: 주동사)!
① … **세례를 주면서**(필자 주: 현재분사)
② … **가르치면서**(필자 주: 현재분사)"

이 명령은 긴 한 문장으로 이루어져 있는데, 주동사는 "제자를 삼으라"입니다. 그리고 이 주동사를 수식하는 두 개의 현재분사가 있는데, "세례를 주면서"와 "가르치면서"입니다. 부활하신 예수님께서는 열한 사도에게 두 가지 사역을 통해 모든 민족을 제자로 삼으라고 명령하십니다. 그것은 ① 세례를 주는 일(성례 사역)과 ② 가르치는 일(말씀 사역)입니다.

오늘날 어떤 그리스도인이 길거리에서 누군가를 전도한 뒤에 사적으로 세례를 베풀 수 없습니다. 그리스도께서 분부하신 모든 것을 다 가르칠 수도 없습니다. 그러므로 부활하신 예수 그리스도께서 사도들에게 하신 이 명령은 단순히 모든 그리스도인이 개인 전도를 해야 한다는 차원을 넘어섭니다. 이는 ① (지속적인) 말씀과 ② 성례 사역을 통해 교회를 건설하라는 명령입니다.[2]

| 사도들의 교회 건설
오순절에 성령이 강림하자, 사도들은 이를 보고 있던 자들에게 즉시 말씀을 전할 뿐 아니라 회심한 자들에게 세례를 베풉니다. 그 결과 예루살렘 초대 교회가 창설됩니다. 사도들은 그 이후에도 말씀과 세례로 계속 그리스도의 교회를 건설해나갑니다.

"베드로가 열한 사도와 같이 서서 소리를 높여 가로되 유대인들과 예루살렘에 사는 모든 사람들아 이 일을 너희로 알게 할 것이니 내 말에 귀를 기울이라14 … 베드로가 가로되 너희가 회개하여 각각 예수 그리스도의 이름으로 세례를 받고 죄 사함을 얻으라 그리하면

---

2) 그리스도의 지상대명령에 대한 보다 상세한 설명으로는 권기현, 「선교, 교회의 사명」 14~28을 참고하십시오.

성령을 선물로 받으리니₃₈ … 그 말을 받는 사람들은 **세례를 받으매** 이 날에 제자의 수가 삼천이나 더하더라₄₁ 저희가 **사도의 가르침을 받아** 서로 교제하며 떡을 떼며 기도하기를 전혀 힘쓰니라₄₂"(행 2:14,38,41~42)

사도들은 예수님께로부터 직접 배우고, 부활하신 예수님을 목격한 사람으로서 초대 교회 시대에만 존재한 독특한 직분(자)입니다. 이런 이유로 사도를 가리켜 '교회 창설 직원'이라 부릅니다. 그 이후로는 사도가 없습니다. 그렇다면 이제 누가 이 일을 주관하고 시행합니까? "장로들의 회(會)", 즉 당회session/consistory와 노회presbytery³가 이 일을 주관합니다. 그러므로 예수님께서 하신 이 명령은 맨 처음에는 사도들을 통해, 그리고 이후에는 "장로들의 회(會)"를 통해 오늘날에도 계속 수행되고 있습니다.

| 장로들의 회(會)와 선교
이 원리는 또한 모든 선교 사역으로 확장됩니다. 장로들의 회(會), 즉 당회나 노회로부터 파송된 사역자야말로 엄정한 의미에서의 선교사입니다. (지속적인) 말씀과 성례 사역을 통해 교회를 건설하라는 것이 예수 그리스도의 명령이며, 이 일을 주도하며 수행하는 기관이

---

3) 한국의 장로교회 교인 중 '노회(presbytery)'가 '장로회(長老會)', 즉 "장로들의 회(會)"(딤전 4:14)의 줄임말임을 아는 이가 적다는 사실은 실로 충격적입니다. 한국의 각 장로 교파에는 '전국 장로회연합회', '노회 장로회연합회' 등이 존재합니다. 이 단체들은 "장로들의 회(會)"가 아니므로 설교, 성례, 권징, 임직, 선교사 파송 등을 주관하지 않으며, 그렇게 해서도 안 됩니다. 각 개체 교회의 당회(session/consistory)와 노회(presbytery)가 교회의 공적인 "장로들의 회(會)"이기 때문입니다.

바로 당회와 노회이기 때문입니다. 이는 필자의 말이 아니라 성경이 가르치는 원리입니다.

(수리아) 안디옥교회는 바나바와 사울(바울)에게 안수하여 그들을 선교사로 파송합니다.

"안디옥 교회에 선지자들과 교사들이 있으니 곧 바나바와 니게르라 하는 시므온과 구레네 사람 루기오와 분봉왕 헤롯의 젖동생 마나엔 과 및 사울이라₁ 주를 섬겨 금식할 때에 성령이 가라사대 내가 불러 시키는 일을 위하여 바나바와 사울을 따로 세우라 하시니₂ 이에 금 식하며 기도하고 두 사람에게 안수하여 보내니라₃"(행 13:1~3)

여기서 "금식 기도"와 "안수"가 함께 나타납니다. 성경에서 "금식" 은 자주 '기도'와 관련되어 있습니다. **"금식 기도"는 선교를 주도하시는 분이 하나님이시라는** 고백과 신뢰를 담보합니다. 그렇다면 **"안수"는** 무엇을 의미합니까? 그것은 **(수리아) 안디옥교회가 그들의 사명, 즉 말씀과 성례로 교회를 건설할 사명을 이 두 명의 선교사들에게 위임한다는 공적 선언**입니다. 안디옥교회의 당회, - 또는 다섯 명의 말씀 사역자들이 활동한 안디옥 노회 - 즉 장로들의 회(會)는 말씀과 성례로 교회를 건설할 사명을 위임받은 기관입니다. 그런데 이 교회로부터 선교사로 보냄을 받은 바나바와 사울 역시 이 일을 해야 할 사람들입니다. 이들 역시 선교 현지에서 말씀과 성례로 교회를 건설해야 합니다. 안디옥교회는 이에 대한 공적 선언으로 이들에게 안수합니다. 본문 말씀에는 누가 이들에게 안수했는지 명시되어 있지 않습니다. 그러나 안디옥의 장로들의 회(會)가 이들에게 안수했다고 보는 것이 가장 자연스러운 해석입니다. 이 추론은 바울의 동역자이자 선교사인 디모데 역시 "장로의 회"에 의해 안수를 받았다는 사실을 통해 뒷받침됩니다.

"네(필자 주: 디모데) 속에 있는 은사 곧 장로의 회에서 안수 받을 때에 예언으로 말미암아 받은 것을 조심 없이 말며"(딤전 4:14)

이뿐 아닙니다. 사도 바울의 선교는 언제나 장로 직분과 관련되어 있습니다. 선교사로 파송된 바나바와 사울(사도 바울)은 선교 현지의 교회에서 "장로들"을 세운 후에 다른 곳으로 이동합니다.

"각 교회에서 장로들을 택하여 금식 기도하며 저희를 그 믿은바 주께 부탁하고"(행 14:23)

바울과 바나바의 선교 현장에 있던 각각의 교회가 장로들을 택한 이유는 명료하고 단순합니다. 교회는 말씀과 성례 사역을 통해 건설되는데, 이 일을 맡아 수행하는 기관이 바로 "장로들의 회(會)"이기 때문입니다. 최초의 선교사들이 한 이 일로 말미암아, 선교 현지의 각 교회들은 선교사들이 떠난 이후에도 예수님의 지상대명령을 계속 이행할 수 있게 됩니다.

3차 선교 사역이 끝날 무렵, 바울은 에베소교회의 장로들을 밀레도로 부릅니다. 바울은 그들에게 에베소교회에서 자신이 한 사역을 설명합니다.

"이는 내가 꺼리지 않고 하나님의 뜻을 다 너희에게 전하였음이라"(행 20:27)

바울은 정말 "내가 너희에게 분부한 모든 것을 가르쳐 지키게 하라"(마 28:20)는 예수님의 지상대명령에 순종했습니다. 그러나 그는 이제 두 번 다시 에베소교회에서 사역하지 못할 것을 알았습니다(행 20:25,38). 그래서 그는 이 말씀 사역을 에베소교회의 장로들에게 맡깁니다.

"너희는 자기를 위하여 또는 온 양떼를 위하여 삼가라 성령이 저들 가운데 너희로 감독자를 삼고 하나님이 자기 피로 사신 교회를 치게 하셨느니라28 내가 떠난 후에 흉악한 이리가 너희에게 들어와서 그 양떼를 아끼지 아니하며29 또한 너희 중에서도 제자들을 끌어 자기를 좇게 하려고 어그러진 말을 하는 사람들이 일어날 줄을 내가 아노니30 그러므로 너희가 일깨어 내가 삼년이나 밤낮 쉬지 않고 눈물로 각 사람을 훈계하던 것을 기억하라31 지금 내가 너희를 주와 및 그 은혜의 말씀께 부탁하노니 그 말씀이 너희를 능히 든든히 세우사 거룩케 하심을 입은 모든 자 가운데 기업이 있게 하시리라32"(행 20:28~32)[4]

그리스도께서 위임하신 지상대명령을 이제 누가 주도하며 수행합

---

4) 중요한 한 가지 사실이 있습니다. 바울은 에베소에 거주하는 동안, 중요한 두 가지 사역을 합니다. 첫째는 지속적인 말씀 사역(행 19:8~10)이며, 둘째는 그 누구도 흉내 낼 수 없는 표적과 기사와 능력을 행한 것입니다(행 19:11~16). 그 결과, 에베소에는 죄로부터 완전히 돌아서는 회심과 큰 부흥의 역사가 일어납니다(행 19:17~20). 그런데 사도행전 20장을 보면, 바울은 에베소교회 장로들에게 이 두 가지 중 하나, 즉 지속적인 말씀 사역만을 위임합니다. "표적과 기사와 능력"은 교회의 터(엡 2:20; 고전 3:10~11; 참고. 딤후 2:19; 히 6:2)를 닦는 교회 창설 직분자인 사도들의 표(sign)이기 때문입니다(행 2:43; 4:16,22,29~30; 5:12; 14:3; 15:12; 고후 12:12). 사도들과는 달리, 항존 직분자인 장로들은 표적과 기사와 능력을 행하는 대신 오직 지속적인 말씀 사역만으로 교회를 보존하고 계승합니다.

니까? 장로들의 회(會)입니다. 같은 이유로, 사도 바울은 디모데에게 신실한 말씀 사역자들, 즉 장로들을 계속 양육하여 배출해야 할 필요성을 전합니다.

"내 아들(필자 주: 디모데)아 그러므로 네가 그리스도 예수 안에 있는 은혜 속에서 강하고, 또 네가 많은 증인 앞에서 **내게 들은 바를 충성된 사람들**(필자 주: 디모데가 길러내야 할 말씀 사역자들, 즉 장로들)에게 부탁하라 저희가 또 다른 사람들을 가르칠수 있으리라(필자 주: 말씀 사역),"(딤후 2:1~2)[5]

사도 바울이 디도를 크레타 섬에 두고 온 이유도 동일합니다.

"내가 너를 그레데에 떨어뜨려 둔 이유는 부족한 일을 바로잡고 **나의 명한대로 각 성에 장로들을 세우게 하려 함이니**"(딛 1:5)

이는 목회자요 선교사이자 장로들인 디모데와 디도에게 맡겨진 사역을 규정합니다. 그들은 말씀과 성례를 통해 그다음 세대의 "장로들"을 계속 배출해야 합니다.

그러나 장로가 없다고 해서 자격 없는 자들을 성급히 장로로 세우면 안 됩니다. 사도 바울은 직분자들을 경솔히 배출해서는 안 된다는 원리도 선포합니다.

"새로 입교한 자도 말찌니 교만하여져서 마귀를 정죄하는 그 정죄에

---

5) 이 구절은 여러 선교단체들, 선교사들과 일부 복음주의자들에 의해 일종의 '평신도 제자 훈련'에 대한 명령으로 곡해되어왔습니다.

빠질까 함이요"(딤전 3:6)

"아무에게나 경솔히[6] 안수하지 말고 다른 사람의 죄에 간섭지 말고
네 자신을 지켜 정결케 하라"(딤전 5:22)

위의 두 구절은 모두 장로 직분을 교훈하는 문맥 가운데 주어진 명
령입니다. 여기서의 "안수"는 (한국 교회 성도들이 흔히 생각하는) 사
적인 '안수 기도'가 아닙니다. 이는 장로 직분자를 교회 앞에 세우는
공적 임직을 의미합니다. 즉, 자격 없는 자를 경솔히 장로로 임직하
지 말라는 경고입니다. 말씀과 성례를 통해 교회를 건설해야 할 막
중한 사명을 가진 장로를 어떻게 경솔히(성급하게) 임직할 수 있겠습
니까? 내적, 외적 소명에 대한 충분한 검증 과정을 거쳐 장로를 임직
해야 합니다. 세속적인 필요나 상황, 또는 목적 – 예를 들어, 예배당
건축이나 개인의 명예를 위한 – 에 따라 장로를 임직해서도 안 됩니
다. 교회 설립과 선교의 설계자이자 주체자는 하나님이십니다.[7] 마찬
가지로, 교회를 위해 장로를 세우시는 분도 하나님이십니다. 사람이
투표하여 장로를 선출하지만, 그를 택하여 세우신 분은 하나님이십
니다.

---

6) 여기서 "경솔히"로 번역된 헬라어 단어는 '속히(quickly)', '재빨리(quickly)', '곧바로
(soon)', '급히(hastily)'라는 뜻을 가진 "ταχέως(타케오스)"입니다. 즉, 장로의 신앙과 품
성을 갖추지 않은 자를 성급하게 임직하지 말라는 의미입니다.
7) 성부께서는 거룩한 집의 **설계자**이십니다. 그분은 교회 건축을 설계하셨고, 뛰어난 목
수인 독생자를 보내셨습니다. 성자께서는 **건축자**이십니다. 그분은 사도들의 터 위에,
신앙고백의 반석 위에 교회를 건축하셨고, 지금도 그렇게 하고 계십니다. 성령께서는
관리자이십니다. 그분은 건축을 위한 재료(신자)들을 거룩하고 영광스럽게 변화시키시
고, 직분과 은사로 이 교회를 유지하십니다.

"너희는 자기를 위하여 또는 온 양떼를 위하여 삼가라 성령이 저들 가운데 너희로 감독자를 삼고 하나님이 자기 피로 사신 교회를 치게 하셨느니라"(행 20:28)

바울과 바나바의 선교지 교회들이 장로들을 임직한 이유는 명료하고 단순합니다. 교회는 (지속적인) 말씀과 성례 사역을 통해 건설되는데, 이 일을 맡아 수행하는 기관이 바로 "장로들의 회(會)"이기 때문입니다. 최초의 선교사들이 한 이 일로 말미암아, 선교지 교회들은 선교사들이 떠난 이후에도 예수님의 지상대명령을 계속 이행할 수 있게 되었습니다.

세계 최초의 교회연합운동인 예루살렘 공회(사도행전 15장)의 결의문에는 우리가 빠뜨리고 넘어가기 쉬운 한 가지 중요한 내용이 포함되어 있습니다.

"들은즉 우리 가운데서 어떤 사람들이 우리의 시킨 것도 없이 나가서 말로 너희를 괴롭게 하고 마음을 혹하게 한다 하기로24 사람을 택하여 우리 주 예수 그리스도의 이름을 위하여 생명을 아끼지 아니하는 자인 우리의 사랑하는 바나바와 바울과 함께 너희에게 보내기를 일치 가결하였노라25 (25절에 포함되어 있음)26 그리하여 유다와 실라를 보내니 저희도 이 일을 말로 전하리라27"(행 15:24~27)

예루살렘 공회로 모인 사도들과 장로들의 회(會)(행 15:2,4,6,22~23; 16:4)는 그들의 **공적인 파송**과 무관한 자들을 경계할 것을 만장일치로 결의합니다(25절). 그 결의를 세계 곳곳의 지역 교회들에게 알리기 위해 **공적 서신**을 작성하여 보냅니다. 이 공문서와 함께, (수리

아) 안디옥교회의 바나바와 사울(바울), 그리고 예루살렘교회의 유다와 실라를 **공적으로 파송**합니다. 이를 계기로 사도 바울의 2차 선교가 시작되며, 실라가 그와 동행합니다.

"수일 후에 바울이 바나바더러 말하되 우리가 주의 말씀을 전한 각 성으로 다시 가서 형제들이 어떠한가 방문하자 하니36 ⋯ 바울은 실라를 택한 후에 형제들에게 주의 은혜에 부탁함을 받고 떠나40 수리아와 길리기아로 다녀가며 교회들을 굳게 하니라41 ⋯ 여러 성으로 다녀 갈 때에 **예루살렘에 있는 사도와 장로들의 작정한 규례를 저희에게 주어 지키게 하니**4 이에 여러 교회가 믿음이 더 굳어지고 수가 날마다 더하니라5"(행 15:36, 40~41; 16:4~5)

이상의 내용을 요약하면 다음과 같습니다.

1) 예수 그리스도께서는 **말씀과 성례로 교회를 건설**할 것을 **사도들**에게 명하십니다. 사도들이 다 죽고 없는 오늘날, **장로들의 회(會)가** (사도들이 전한 복음으로) 이 사명을 수행합니다.

2) **(수리아) 안디옥교회**는 이 사명을 수행하기 위해 **바나바와 사울을 선교사로 파송**합니다. 이때, **장로들의 회(會)**는 자신들이 하고 있던 사역과 같은 일을 그들에게 위임했다는 공적 선언으로서 이 **선교사들에게 안수**합니다.

3) 장로들의 회(會)로부터 파송 받은 **선교사들은 말씀과 성례로 각 지역에 교회를 건설**합니다.

4) 선교사들(바울과 바나바)은 **각 지역의 교회에서 다시 장로들의 회 (會)를 세운 후, 그 지역을 떠납니다.** 각 지역의 교회들 역시 말씀 과 성례로 교회를 건설할 사명을 계속 수행하기 위해서입니다.

5) **예루살렘 공회로 모인 장로들의 회(會)는 파송 받지 않은 자들을 경계하도록 결의**합니다. 전 세계에 흩어져 있는 각 지역 교회들에 게 이 결의를 **공문서**로 만들어 보냅니다. 바나바와 사울(바울) 그 리고 유다와 실라를 **공적으로 파송**합니다. 이를 계기로 **바울의 2 차 선교 사역이 시작**됩니다.

6) **바울의 동역자이며 목사요 선교사인 디모데** 역시 동일한 사역을 수행하기 위해 **장로들의 회(會)로부터 안수**를 받습니다.

7) **바울의 동역자이며 목사요 선교사인 디모데와 디도** 역시 이 사역 의 지속성을 위해 **장로들을 양육하여 세우라는 명령**을 받습니다.

8) 그러나 **경솔히 장로를 세워서는 안 됩니다. 충분한 양육과 검증 과정**을 필요로 합니다.

오늘날의 교회 역시 마찬가지입니다. 각 개체 교회의 당회와 노회 는 장로들의 회(會)입니다. 장로회는 말씀과 성례 사역을 통해 교회 를 건설할 사명을 위임받은 기관입니다. 예수님의 지상대명령은 장 로들의 사역과 관련되어 있습니다. 장로들의 회(會)가 파송한 자들은 다시 장로들의 회(會)를 세웁니다. 그리고 그 목표는 교회 건설입니 다.

1. 장로 직분과 선교와의 관계를 생각해본 적 있습니까? 그렇지 않다면 그 이유가 무엇인지 서로 말해봅시다.

2. 예수님의 지상대명령은 어떤 내용이며, 무슨 의미입니까?

3. 사도들은 어떤 일을 통해 교회를 건설했습니까?

4. 안디옥교회가 바나바와 사울에게 한 일은 무엇입니까? 그리고 이들이 선교 사역에서 한 일은 무엇입니까?

5. 디모데는 누구로부터 안수를 받았습니까? 그리고 어떤 명령을 받았습니까?

6. 한 걸음 더 예루살렘 공회가 한 중요한 결의는 무엇입니까? 이것이 오늘날 선교 현지에서 어떻게 적용되어야 할지 서로 말해봅시다.

제6장

장로 선출과 임직

"각 교회에서 장로들을 택하여 금식 기도하며 저희를 그 믿은바 주께 부탁하고"(행 14:23)

"미쁘다 이 말이여, 사람이 감독의 직분을 얻으려하면 선한 일을 사모한다 함이로다 1 그러므로 감독은 책망할 것이 없으며 한 아내의 남편이 되며 절제하며 근신하며 아담하며 나그네를 대접하며 가르치기를 잘하며 2"(딤전 3:1~2)

"네 속에 있는 은사 곧 장로의 회에서 안수 받을 때에 예언으로 말미암아 받은 것을 조심 없이 말며"(딤전 4:14)

"또 예수께서 제사장 된 것은 맹세 없이 된 것이 아니니 20 (저희는 맹세 없이 제사장이 되었으되 오직 예수는 자기에게 말씀하신 자로 말미암아 맹세로 되신 것이라 주께서 맹세하시고 뉘우치지 아니하시리니 네가 영원히 제사장이라 하셨도다)21 이와 같이 예수는 더 좋은 언약의 보증이 되셨느니라 22"(히 7:20~22)

제6장

장로 선출과 임직

장로의 사역이 그리스도의 지상대명령을 실천하는 중차대한 것이기에 선출과 임직의 과정 역시 엄정해야 합니다. 여기에는 결코 사사로운 정이나 탐욕이 끼어들어서는 안 됩니다. 장로의 선출과 임직을 위해서는 일반적으로 다음의 몇 가지 요소들이 필요합니다.

    1) 선출
    2) 검증
    3) 서약
    4) 안수(임직)

| 선출 : 임명과 제비에서 투표로

옛 언약 시대에는 대체로 하나님께서 그분의 종들을 직접 임명하십니다. 때로는 제비 뽑는 방식을 통해 그분의 뜻을 알리기도 하십니다. 이런 옛 언약의 방식은 신약시대에도 어느 정도 이어집니다. 예수님께서는 사도들을 직접 선정하여 세우십니다(마 10:1~4; 막 3:16~19; 눅 6:12~16). 심지어 예수님께서 승천하신 후에도 이 옛 언약의 방식이 일정 기간 계속됩니다. 사도들은 가룟 유다의 자살로 인해 궐위 된 사도의 한 자리를 채우기 위해 기도로 하나님의 뜻을 여쭙습니다. 그리고 제비뽑기를 통해 하나님의 뜻을 발견합니다.

"저희가 두 사람을 천하니 하나는 바사바라고도 하고 별명은 유스도라고 하는 요셉이요 하나는 맛디아라₂₃ 저희가 기도하여 가로되 뭇사람의 마음을 아시는 주여 이 두 사람 중에 누가 주의 택하신바 되어₂₄ 봉사와 및 사도의 직무를 대신할 자를 보이시옵소서 유다는 이를 버리옵고 제 곳으로 갔나이다 하고₂₅ 제비 뽑아 맛디아를 얻으니 저가 열 한 사도의 수에 가입하니라₂₆"(행 1:23~26)

그러나 바나바와 사울(바울)이 각 교회의 장로들을 선출할 때에는 더 이상 이런 방식을 사용하지 않습니다. 아직 사도들이 살아 있을 뿐 아니라 성경이 완성되지 않은 시대에 살고 있던 이들 두 선교사는 자주 놀라운 표적과 기사를 행합니다(행 14:3; 15:12). 또한 하나님의 계시를 직접 받기도 합니다. 그러나 그런 큰 능력을 행하던 그들조차 각 교회의 장로들을 택할 때만큼은 자신들이 직접 임명하지도, 제비를 뽑아 하나님의 뜻을 묻지도 않습니다. 그들은 **'투표'라는 새로운 방식을 사용하여 각 교회의 장로들을 선출**합니다.

"각 교회에서 장로들을 **택하여** 금식 기도하며 저희를 그 믿은바 주께 부탁하고"(행 14:23)

이 본문에서 "택하여"로 번역된 헬라어 동사 "χειροτονέω(케이로토네오)"는 '**거수(擧手)하다**'는 뜻으로 고대 사회의 투표를 의미합니다. 최초의 선교사들인 바나바와 사울은 자신들이 직접 지명하는 대신, 성도들의 투표를 통해 장로를 선출하는 방식을 선택합니다.[1]

오늘날의 교회가 회원들의 투표를 통해 장로를 선출하는 방식은 근대 민주주의 제도에서 유래한 것이 아닙니다. 하나님의 계시인 성경에 근거합니다. 교회는 가르치는 장로(목사)를 청빙하기 위해 투표합니다. 교회의 청빙이 없이는 목사로 임직하지도, 교회에 부임하지도 못하는 이유가 바로 이 원리 위에 기초해 있습니다. 이뿐 아니라 교회는 다스리는 장로 역시 투표를 통해 선출하고 임직합니다.

구약시대와는 달리, 성부와 성자께서는 오순절에 모든 신자에게 성령을 부어주셔서 그들의 투표로 교회의 직분자들을 세우십니다.[2]

---

1) 이 본문에 대한 더 자세한 성경 주해와 적용을 위해서는 권기현, 『선교, 교회의 사명』 52~68을 참고하십시오.
2) 이러한 조짐은 사도 바울의 선교 이전인 예루살렘교회에서 이미 나타납니다. 예루살렘교회는 헬라파 유대인들이 구제에서 빠지는 문제를 해결하기 위해 스데반과 빌립 등 일곱 사람을 세웁니다. 행 6:3에서 "택하라"로 번역된 헬라어 동사 "ἐπισκέπτομαι(에피스켑토마이)"는 '방문하다(visit)', '돌(아)보다(take care)'는 뜻입니다. 행 6:5에서 "택하여"로 번역된 헬라어 동사 "ἐκλέγομαι(엘레고마이)"는 '(선)택하다(choose/select)'는 뜻입니다. "ἐκλέγομαι(엘레고마이)"는 사람들의 의견을 물어 가결(행 15:22,25)하는 것 외에도 하나님의 선택(행 13:17; 15:7), 제비뽑기(행 1:24), 지명하여 임명(행 1:2) 모두에 사용될 수 있는 단어입니다. 그러므로 단어의 용례만으로는 이 일곱 사람을 선택한 방식을 정확히 알 수 없습니다. 그러나 이 일곱 사람을 방문하여 선택했다는 문맥의 흐름을 볼 때, 성도들의 의견을 물어 선출했을 가능성을 무시할 수 없습니다. 아마도 이 방문은 이 일곱 사람을 검증하고 확인하는 절차였을 것입니다.
"형제들아 너희 가운데서 성령과 지혜가 충만하여 칭찬 듣는 사람 일곱을 **택하라**[ἐπισκέψασθε(에피스켑싸스쒜)] 우리가 이 일을 저희에게 맡기고3 … 온 무리가 이 말이는 성령 받은 성도와 교회에게 위임하신 놀라운 특권입니다. 이와 동시에 이는 그 특권의 무게만큼 무거운 언약적 책임이기도 합니다. 교회가 이 특권을 바르게 사용할 때, 장로들의 회(會)로부터 오는 은혜, 즉 말씀과 성례의 복을 누립니다. 그러나 이를 남용하거나 오용할 때, 그들에 의해 선출된 장로들의 회(會)로부터 오는 폭압과 압제로 인해 고통받게 될 것입니다.

| 검증 : 교회의 타락을 예방하는 수단

성경 역사와 교회사를 통틀어 교회는 공적인 결정에 있어서 종종 오류를 범해왔습니다. 구약 교회인 이스라엘의 공회, 즉 산헤드린 συνέδριον(쉬네드리온)[3]은 그들의 구원자인 예수 그리스도를 출교합니다. 그리고 사도들까지도 출교합니다(참고. 요 16:2[4]). 또한 스데반에 대한 사형을 언도합니다(참고. 행 6:8~15; 7장 전체).[5] 갈라디아 지역의

을 기뻐하여 믿음과 성령이 충만한 사람 스데반과 또 빌립과 브로고로와 니가노르와 디몬과 바메나와 유대교에 입교한 안디옥 사람 니골라를 택하여[ἐξελέξαντο(엑쎌렉싼토)]5 사도들 앞에 세우니 사도들이 기도하고 그들에게 안수하니라6"(행 6:3,5~6)

3) 이는 '공회'라는 뜻으로 이스라엘 최고의 종교회의입니다. 이 공회는 옛 언약 시대가 저물어가던 시기의 타락한 '장로들의 회'가 되었습니다.

4) "사람들이 너희를 출회[ἀποσυναγώγους(아포쉬나고구스)]할 뿐 아니라 때가 이르면 무릇 너희를 죽이는 자가 생각하기를 이것이 하나님을 섬기는 예라 하리라"(요 16:2) 한글개역성경에서 "출회"로, 한글개역개정성경에서 "출교"로 번역된 헬라어 형용사 "ἀποσυνάγωγος(아포쉬나고고스)"의 문자적 의미는 '회당으로부터 쫓아냄'이라는 뜻입니다.

5) 돌로 쳐 죽이는 것은 옛 언약 시대의 대표적인 출교 방식입니다(레 24:11~23; 민 15:32~36; 신 13:1~11; 17:1~7; 21:18~21 등). 행 6:9~15에 의하면, 스데반은 구약 교회 이스라엘의 최고 치리회인 공회(산헤드린) 앞에 호출되었습니다. 스데반의 순교와 오늘날 이슬람 등 여러 타 종교를 믿는 선교지에서의 순교와는 큰 차이가 있습니다. 후자가 세상으로부터 교회가 핍박받는 것이라면, 전자는 참 교회의 직분자가 거짓 교회의 치리회로부터 출교당한 사건입니다.

여러 교회들은 거짓 교사들을 말씀 사역자로 받아들입니다(갈 1:6~7). 고린도교회 역시 같은 오류를 범합니다(고후 11:3~4,13~15,19). 이는 교회의 공적인 결의가 무오성을 항상 담보하고 있지는 않다는 증거입니다.[6] 교회가 말씀의 분별력과 죄에 대한 정화 기능을 상실할 때, 이러한 현상이 자주 발생합니다.

사도 바울은 교회가 직분자로 섬길 사람들을 검증해야 할 필요성을 가르칩니다.

"이에 이 사람들을 먼저 **시험하여 보고**[7] 그 후에 책망할 것이 없으면 집사의 직분을 하게 할 것이요"(딤전 3:10)

이 문맥에서 본문이 직접적으로 가리키는 대상은 장로가 아니라 집사입니다. 그러나 우리는 이 문맥의 바로 앞에 장로의 직분을 수행할 사람을 검증할 상세한 내역들이 열거되고 있다는 사실에도 주목해야 합니다(딤전 3:1~7; 참고. 딛 1:5~9).

"미쁘다 이 말이여, 사람이 감독의 직분을 얻으려하면 선한 일을 사모한다 함이로다₁ 그러므로 **감독은 책망할 것이 없으며** 한 아내의 남편이 되며 절제하며 근신하며 아담하며 나그네를 대접하며 가르치기를 잘하며₂"(딤전 3:1~2)

---

6) 이는 로마 천주교와 개신교가 고백하는 교리의 중요한 차이점 중 하나입니다. 이 때문에 장로교회는 심지어 권징, 즉 재판 건에 대해서도 상소 제도(권징조례 4:1)를 마련하여 항소(권징조례 4:3)와 상고(권징조례 4:4)가 가능하게 합니다[대한예수교장로회(고신) 교회 헌법]. 일제강점기 한국 장로교회의 신사참배 가결과 그 반대자들을 배척한 사건은 교회의 결의에 오류가 발생할 수 있다는 대표적인 실례입니다.

7) "시험하여 보고"로 번역된 헬라어 동사 "δοκιμάζω(도키마조)"는 '시험하다(test, examine)', '검증을 통해 입증하다(prove by testing)', '승인하다(approve)'는 뜻입니다.

사도 바울은 이 검증을 언제 – 투표 전 또는 투표 후 – 해야 하는 지는 명시하지 않습니다. 중요한 것은 교회가 **장로로 수고할 자들의 은사와 신앙과 삶을 엄정하게 검증**해야 한다는 사실입니다. 검증은 교회가 타락할 위험을 예방하는 수단입니다. 은사와 믿음과 지식과 생활에서 조건을 갖추지 못한 사람들이 장로가 되어 회(會)를 이루면 어떻게 되겠습니까?

노회는 목사 고시와 장로 고시를 통해 엄정한 검증 과정을 시행해야 합니다. 한편으로, 장로 후보자 중 누구라도 잘못된 기준 또는 사사로운 편견이나 감정에 의해 탈락하는 일이 발생하지 않도록 각별한 주의를 기울여야 합니다. 다른 한편으로, 탈락자가 발생하는 것에 대하여 사사로운 애정이나 두려움을 가져서도 안 됩니다. 특정한 사람을 합격시키기 위해 성경적 검증 기준을 약화해서도 안 됩니다. 이런 일이 허용될수록 노회와 각 교회의 당회는 타락한 장로들로 넘쳐나게 되고, 마침내 거룩한 하나님의 집은 사탄의 집으로 화(化)할 것입니다(참고. 웨스트민스터 신앙고백서 25:5[8]).

| 서약 : 봉사에 대한 서약과 책임

신약성경은 장로로 임직한 자들의 서약에 대해 명시하지 않습니다. 그러나 하나님께로부터 직분 또는 사명을 받은 자들에게 언약의 책임이 주어진다는 사실이 성경 전체를 통해 나타납니다.

출애굽 한 이스라엘은 온 세상의 제사장 나라가 되는 소명을 받습

---

8) "천하에서 지극히 순수한 교회라 하더라도 혼합과 오류에서 벗어날 수 없다. 더러는 그리스도의 교회임을 멈추고 사탄의 회가 될 정도로 타락하였다. …"(웨스트민스터 신앙고백서 25:5)

니다(출 19:4~6). 이스라엘은 시내 산에 모여 하나님 앞에 서약합니다 (출 24:3~8). 이때 이스라엘의 칠십 장로들은 이 옛 언약 교회를 대표하여 함께 서약에 동참하며, 언약의 증인이 됩니다.

"또 모세에게 이르시되 너는 아론과 나답과 아비후와 **이스라엘 장로 칠십인**과 함께 여호와에게로 올라와 멀리서 경배하고₁ … 모세가 와서 여호와의 모든 말씀과 그 모든 율례를 백성에게 고하매 그들이 한 소리로 응답하여 가로되 여호와의 명하신 모든 말씀을 우리가 준행하리이다₃ … 언약서를 가져 백성에게 낭독하여 들리매 그들이 가로되 여호와의 모든 말씀을 우리가 준행하리이다₇ 모세가 그 피를 취하여 백성에게 뿌려 가로되 이는 여호와께서 이 모든 말씀에 대하여 너희와 세우신 언약의 피니라₈ 모세와 아론과 나답과 아비후와 **이스라엘 장로 칠십인**이 올라가서₉ 이스라엘 하나님을 보니 그 발 아래에는 청옥을 편듯하고 하늘 같이 청명하더라₁₀ 하나님이 **이스라엘의 존귀한 자**들에게 손을 대지 아니하셨고 그들은 하나님을 보고 먹고 마셨더라₁₁ … **장로들**에게 이르되 너희는 여기서 우리가 너희에게로 돌아오기까지 기다리라 아론과 훌이 너희와 함께 하리니 무릇 일이 있는 자는 그들에게로 나아갈찌니라 하고₁₄"(출 24:1,3,7~11,14)

이스라엘은 가나안 땅에 들어간 이후에도 다시 서약함으로 시내 산에서의 언약을 갱신합니다. 축복의 산 그리심과 저주의 산 에발에 각각 여섯 지파씩 나누어 서서 하나님 앞에서 공적으로 서약합니다. 이 서약은 모세가 죽기 전에 **이스라엘의 장로들에게 위임**한 것이었습니다(신명기 27장 전체). 여호수아의 지도하에 이 서약을 이행할 때

에도 **이스라엘의 장로들과 유사들과 재판장들은 온 이스라엘과 함께
서서 서약합니다.**

"모세가 **이스라엘 장로들로 더불어 백성**에게 명하여 가로되 내가 오
늘날 너희에게 명하는 이 명령을 너희는 다 지킬찌니라, … 너희가
요단을 건넌 후에 시므온과 레위와 유다와 잇사갈과 요셉과 베냐민
은 백성을 축복하기 위하여 그리심산에 서고$_{12}$ 르우벤과 갓과 아셀
과 스불론과 단과 납달리는 저주하기 위하여 에발산에 서고$_{13}$ … 이
율법의 모든 말씀을 실행치 아니하는 자는 저주를 받을 것이라 할
것이요 **모든 백성은 아멘 할찌니라**$_{26}$"(신 27:1,12~13,26; 참고. 신
27장 전체)

"때에 여호수아가 이스라엘의 하나님 여호와를 위하여 에발산에 한
단을 쌓았으니$_{30}$ 이는 여호와의 종 모세가 이스라엘 자손에게 명한
것과 모세의 율법책에 기록된대로 철연장으로 다듬지 아니한 새 돌
로 만든 단이라 무리가 여호와께 번제와 화목제를 그 위에 드렸으며
$_{31}$ 여호수아가 거기서 모세의 기록한 율법을 이스라엘 자손의 목전
에서 그 돌에 기록하매$_{32}$ **온 이스라엘과 그 장로들과 유사들과 재판
장들과 본토인 뿐 아니라 이방인까지 여호와의 언약궤를 멘 레위 사
람 제사장들 앞에서 궤의 좌우에 서되 절반은 그리심산 앞에, 절반
은 에발산 앞에 섰으니 이는 이왕에 여호와의 종 모세가 이스라엘
백성에게 축복하라고 명한대로 함이라**$_{33}$ 그 후에 여호수아가 무릇
율법책에 기록된대로 축복과 저주하는 율법의 모든 말씀을 낭독하
였으니$_{34}$ 모세의 명한 것은 여호수아가 이스라엘 온 회중과 여인과
아이와 그들 중에 동거하는 객들 앞에 낭독하지 아니한 말이 하나도

없었더라[35]"(수 8:30~35)

　장로들과 온 이스라엘의 이 공적 서약은 하나님과 이스라엘 사이에 맺은 언약에 대한 인간의 책무를 보여줍니다. 모든 족속 중에서 제사장 나라로 선택된 구약 교회(이스라엘)가 그랬다면, 더욱이 신약 교회 직분자로 부르심을 입은 자들의 책무는 얼마나 더 엄중하겠습니까? 이들이 이 직분에 신실하지 못할 때, 하나님께서 그들에게 내릴 심판이 얼마나 크고 중하겠습니까?

　사실 가장 먼저 **서약의 본을 보이신 분**이 있습니다. 언약의 상대자인 **하나님 자신**입니다. 교회의 목자이신 하나님 자신이야말로 진정한 의미에서의 직분자시기 때문입니다. 하나님께서는 아브라함과 다윗과 이스라엘(구약 교회) 앞에서 하신 그 서약을 언제나 신실하게 수행하셨습니다(히 6:13~18; 눅 1:68~75[9]).

"하나님이 아브라함에게 약속하실 때에 가리켜 **맹세할** 자가 자기보다 더 큰이가 없으므로 자기를 가리켜 **맹세하여**[13] 가라사대 내가 반드시 너를 복주고 복주며 너를 번성케 하고 번성케 하리라 하셨더니[14] 저가 이같이 오래 참아 약속을 받았느니라[15] 사람들은 자기보다 더 큰 자를 가리켜 맹세하나니 **맹세**는 저희 모든 다투는 일에 최후 확정이니라[16] 하나님은 약속을 기업으로 받는 자들에게 그 뜻이 변치 아니함을 충분히 나타내시려고 그 일에 **맹세**로 보증하셨나니[17] 이는 하나님이 거짓말을 하실 수 없는 이 두 가지 변치 못할 사실을 인하여 앞에 있는 소망을 얻으려고 피하여 가는 우리로 큰 안위를

---

9) 이 두 본문에서 "맹세", "맹세하다"로 번역된 헬라어 단어들을 모두 '서약(oath)', '선서하다(swear)', '서약하다(take an oath)'로 번역해도 무방합니다.

받게 하려 하심이라[18]"(히 6:13~18)

"찬송하리로다 주 이스라엘의 하나님이여 그 백성을 돌아보사 속량
하시며[68] 우리를 위하여 구원의 뿔을 그 종 다윗의 집에 일으키셨으
니[69] 이것은 주께서 예로부터 거룩한 선지자의 입으로 말씀하신 바
와 같이[70] 우리 원수에게서와 우리를 미워하는 모든 자의 손에서 구
원하시는 구원이라[71] 우리 조상을 긍휼히 여기시며 그 거룩한 언약
을 기억하셨으니[72] 곧 우리 조상 아브라함에게 **맹세하신 맹세**라[73] 우
리로 원수의 손에서 건지심을 입고[74] 종신토록 주의 앞에서 성결과
의로 두려움이 없이 섬기게 하리라 하셨도다[75]"(눅 1:68~75)

교회의 참된 직분자요 장로들의 목자장(벧전 5:1,4)이신 예수 그리스
도 역시 서약에 대한 신실함을 보이셨습니다.

"또 예수께서 제사장 된 것은 **맹세**[10] 없이 된 것이 아니니[20] (저희는
맹세 없이 제사장이 되었으되 오직 예수는 자기에게 말씀하신 자로
말미암아 **맹세**로 되신 것이라 주께서 **맹세하시고**[11] 뉘우치지 아니하
시리니 네가 영원히 제사장이라 하셨도다)[21] 이와 같이 예수는 더 좋
은 언약의 보증이 되셨느니라[22]"(히 7:20~22)

이 원리는 신약시대에도 유효합니다. 공적으로 신앙을 고백(입교 또
는 성인세례)한 교인이 서약을 통해 언약의 책무를 짊어지는 것과 마

---

10) '맹세/서약(oath)' 또는 '맹세/서약함(taking an oath)'라는 뜻을 가진 헬라어 명사
"ὁρκωμοσία(호르코모시아)"가 사용되었습니다.
11) '선서하다(swear)', '서약하다(take an oath)'는 뜻을 가진 헬라어 동사 "ὄμνυμι(옴뉘미)" 또
는 "ὀμνύω(옴뉘오)"가 사용되었습니다.

찬가지로, 직분자로 부르심을 입은 자들 역시 – 아니 그 이상으로 – 그러합니다. 장로로 부르심을 입은 자들은 말씀과 성례 사역에 대한 책무를 짊어집니다. 이 사역에 기초하여, 그들은 심방으로 성도들의 영적 상태를 돌보는 일을 담당합니다. 그러므로 이들이 임직 시 하나님과 교회 앞에서 공적으로 서약하는 것이 성경적입니다. 그들은 **하나님과 교회 앞에서 서약함으로써 언약의 엄중한 책무를 짊어집니다.** 이들이 이 직분에 신실하지 못할 때, 죄를 지은 다른 이들과 마찬가지로 그들 역시 "장로들의 회(會)"에 의해 심판을 받게 될 것입니다(참고. 마 18:15~17; 하이델베르크 제 85문답¹²⁾). 이 장로들의 회(會)의 규모와 상관없이, 교회의 참된 직분자이신 예수 그리스도께서 이 심판에 임재하시므로(마 18:18~20¹³⁾) 장로의 서약은 실로 두려운 일입니다.

---

12) 하이델베르크 제85문답은 마 18:17의 "교회"를 "치리회", 즉 "장로들의 회(會)"라고 설명합니다.
"네 형제가 죄를 범하거든 가서 너와 그 사람과만 상대하여 권고하라 만일 들으면 네가 네 형제를 얻은 것이요15 만일 듣지 않거든 한 두 사람을 데리고 가서 두 세 증인의 입으로 말마다 증참케 하라16 만일 그들의 말도 듣지 않거든 **교회**에 말하고 **교회**의 말도 듣지 않거든 이방인과 세리와 같이 여기라17"(마 18:15~17)
"**문:** 교회의 권징을 통해서 어떻게 천국이 닫히고 열립니까?
답: 그리스도의 명령에 따라, 그리스도인의 이름을 가진 자가 교리나 생활에서 그리스도인답지 않을 경우, 먼저 형제로서 거듭 권고할 것입니다. 그렇지만 자신의 오류나 악행에서 돌이키기를 거부한다면, 그 사실을 **교회** 곧 **치리회**에 보고해야 합니다. 그들이 교회의 권고를 듣고도 돌이키지 않으면, 성례에 참여함을 금하여 성도의 사귐 밖에 두어야 하며, 하나님께서도 친히 그들을 그리스도의 나라에서 제외시킬 것입니다. 그러나 그들이 참으로 돌이키기를 약속하고 증명한다면, 그들을 그리스도의 지체와 교회의 회원으로 다시 받아들입니다."(하이델베르크 제85문답)
13) 이 본문에서의 "두세 사람"은 권징을 위해 모인 치리회를 가리킵니다. 그리스도께서 그 가운데 함께 하십니다.
"진실로 너희에게 이르노니 무엇이든지 너희가 땅에서 매면 하늘에서도 매일 것이요 무엇이든지 땅에서 풀면 하늘에서도 풀리리라18 진실로 다시 너희에게 이르노니 너희 중에 두 사람이 땅에서 합심하여 무엇이든지 구하면 하늘에 계신 내 아버지께서 저희를 위하여 이루게 하시리라19 두 세 사람이 내 이름으로 모인 곳에는 나도 그들

| 안수(임직) : 하나님과 교회의 공적 위임 선언

그리스도인들은 이 네 가지 과정 중에서 마지막에 해당하는 안수에
만 지나치게 집착하는 경향이 있습니다. 이는 안수를 지나치게 미신
화, 우상화할 위험성을 내포합니다. 그러나 반대로, 안수를 경홀히
여겨서도 안 됩니다. 이는 임직의 공적 성격을 보여주기 때문입니
다.[14] 사도 바울은 디모데에게 이렇게 말씀합니다.

> "네 속에 있는 은사 곧 장로의 회에서 안수 받을 때에 예언으로 말미
> 암아 받은 것을 조심 없이 말며"(딤전 4:14; 참고. 딤후 1:6[15])

(수리아) 안디옥교회는 바나바와 사울에게 안수하여 그들을 선교
사로 파송합니다(행 13:3). 여기서 "안수"가 의미하는 바가 무엇일까
요? 이 속에는 '위임'과 '전가', 그리고 '동등'과 '동일시'라는 개념이
함축되어 있습니다. 구약성경에서 "안수"라는 표현은 희생제사 규례
에 자주 등장합니다(참고. 출 29장; 레 3~4장; 8장 등). 이는 희생제물이

중에 있느니라20"(마 18:18~20)
마태복음은 세 본문에서 "임마누엘" 주제가 명시적으로 나타납니다. 1:22~23(성육신)
; 18:15~20(권징 사역); 28:19~20(말씀과 성례 사역)이 바로 그것입니다. 성육신하신
예수 그리스도는 승천하셨습니다. 그러나 임마누엘은 교회의 **말씀과 성례와 권징**을
통해 계속 이어집니다. **교회의 이 세 가지 표지(signs)를 통해, '하나님께서 우리와
함께 계십니다.'**

14) 일반적으로 개혁교회의 경우, 가르치는 장로인 목사 외에는 임직 시에 안수하지 않습
니다. 장로교회의 경우, 다스리는 장로들의 임직 시에도 안수를 하는 곳이 많습니다.
양쪽의 공통점은 가르치는 장로인 목사를 임직할 때에는 반드시 안수를 한다는 사실
입니다. (가르치는 장로인) 목사만 안수하느냐, 아니면 (다스리는) 장로도 안수하느냐
보다 더 핵심적인 사안은 안수가 임직의 공적 성격을 보여준다는 점입니다.

15) "그러므로 내가 나의 안수함으로 네 속에 있는 하나님의 은사를 다시 불일듯하게 하
기 위하여 너로 생각하게 하노니"(딤후 1:6)
이 본문에서 사도 바울은 목사요 선교사인 디모데의 임직의 공적 성격 – 서약과 책
무 – 을 기억하게 하고, 증진합니다.

될 동물을 죄인인 인간과 동일시하여 인간의 모든 죄를 그에게 넘겨주는 것을 의미합니다(레 16:21[16]). 이뿐 아니라 옛 언약 시대의 출교에 해당하는 사형에 처할 때도 안수를 합니다(레 24:14[17]). 그리고 모세가 여호수아에게 그 사역을 계승할 때도 그렇게 합니다(민 27:18~23; 신 34:9[18]). 바울은 구약의 이 원리를 가져와 디모데에게 적용합니다. 장로들의 회(會)에 의한 안수는 당시 에베소교회의 목사로 봉사하고 있던(딤전 1:3) 디모데가 가진 **직분과 책무의 공교회적 성격**을 보여줍니다. 장로들의 회(會)는 디모데에게 직분과 직무를 위임했습니다. 사도들이 가르친 신앙의 일치 안에서, 디모데는 장로들의 회(會)와 동일한 복음을 가르치며 사역하도록 부르심을 입었습니다.

이는 임직 시 **"장로들의 회(會)"에 의한 안수가 말씀과 성례 사역의 위임장과 같은 표임**을 보여줍니다. 즉, 장로로 임직하는 사람은 "장로들의 회(會)"에 자신이 묶여 있으며, 자신이 사도들의 복음을 계승하고 상속하기 위해 직분자로 위임받은 사람임을 기억해야 합니다.

---

16) "아론은 두 손으로 산 염소의 머리에 **안수**하여 이스라엘 자손의 모든 불의와 그 범한 모든 죄를 고하고 그 죄를 염소의 머리에 두어 미리 정한 사람에게 맡겨 광야로 보낼찌니"(레 16:21)

17) "저주한 사람을 진 밖에 끌어 내어 그 말을 들은 모든 자로 그 머리에 **안수**하게 하고 온 회중이 돌로 그를 칠찌니라"(레 24:14)

18) "여호와께서 모세에게 이르시되 눈의 아들 여호수아는 신에 감동된 자니 너는 데려다가 그에게 **안수**하고18 그를 제사장 엘르아살과 온 회중 앞에 세우고 그들의 목전에서 그에게 위탁하여19 네 존귀를 그에게 돌려 이스라엘 자손의 온 회중으로 그에게 복종하게 하라20 그는 제사장 엘르아살 앞에 설 것이요 엘르아살은 그를 위하여 우림의 판결법으로 여호와 앞에 물을 것이며 그와 온 이스라엘 자손 곧 온 회중은 엘르아살의 말을 좇아 나가며 들어올 것이니라21 모세가 여호와께서 자기에게 명하신대로 하여 여호수아를 데려다가 제사장 엘르아살과 온 회중 앞에 세우고22 그에게 **안수**하여 위탁하되 여호와께서 자기에게 명하신대로 하였더라23"(민 27:18~23)

"모세가 눈의 아들 여호수아에게 **안수**하였으므로 그에게 지혜의 신이 충만하니 이스라엘 자손이 여호와께서 모세에게 명하신 대로 여호수아의 말을 순종하였더라"(신 34:9)

그러므로 안수는 임직하는 그 사람을 장로들의 회(會), 즉 당회와 노회로 속박합니다. 안수를 받은 사람은 그 회(會)에 속한 다른 장로들과 동일시되며, 그들의 사역을 함께 하도록 위임받습니다. **장로들의 회(會)에서 받은 안수로 인해, 그는 복음 안에서 자유인인 동시에 복음에 의해 묶인 직분자가 됩니다.** 하나님께서는 장로들의 회(會)로부터 안수를 받아 세워지는 장로가 바로 이러한 사역에 묶여 있는 자유인임을 온 교회 앞에서 공포하십니다. 그리고 이 교회의 성도들 역시, 안수를 받아 임직하는 장로의 사역에 자발적으로 복종할 것을 서약함으로써 자유인이 된 자신들을 하나님과 교회에 속박시킵니다. 죄와 사망과 사탄의 종slaves이던 우리는 이제 구속자 예수 그리스도로 말미암아 자유하는 종servants이 아닙니까? 장로 역시 그러합니다.

"그리스도께서 우리로 자유케 하려고 자유를 주셨으니 그러므로 굳세게 서서 다시는 종의 멍에를 메지 말라₁ … 형제들아 너희가 자유를 위하여 부르심을 입었으나 그러나 그 자유로 육체의 기회를 삼지 말고 오직 사랑으로 서로 종노릇하라₁₃ 온 율법은 네 이웃 사랑하기를 네 몸 같이 하라 하신 한 말씀에 이루었나니₁₄ 만일 서로 물고 먹으면 피차 멸망할까 조심하라₁₅"(갈 5:1,13~15)

함께 생각할 문제

1. 장로가 세워지는 네 가지 요소 또는 과정을 말해봅시다.

2. 직분자 선출 방식과 관련하여, 오순절 이후에 달라진 엄청난 변화가 무엇입니까? 이는 어떤 점에서 특권이며, 또 어떤 점에서 두려운 경고가 됩니까?

3. 노회의 장로 고시와 목사 고시가 갖는 의의가 무엇입니까? 혹시 이를 통과의례 정도로 여기고 있지는 않습니까?

4. 하나님과 교회 앞에서의 직분자의 서약, 그리고 그 직분자에 대한 교회의 서약을 얼마나 기억하며 살고 있는지 서로 말해봅시다.

5. 복음 안에서의 자유와 교회로의 속박을 '안수'라는 관점에서 설명해보십시오. 이것을 직분자뿐 아니라 우리 각자에게도 적용해 봅시다.

6. 한 걸음 더 직분자 선출에서 탈락했다는 이유로 불평하거나 교회를 옮기는 것에 대해 어떻게 생각하십니까? 직분자를 선출할 때, 개인적인 친분으로 그 사람에게 투표하는 것에 대해 어떻게 생각하십니까?

장로들을 통해 찾아오시는 우리 하나님 1: 구약시대 장로들의 여러 가지 직무와 사역

~

"요셉이 그 형제에게 이르되 나는 죽으나 하나님이 너희를 권고하시고 너희를 이 땅에서 인도하여 내사 아브라함과 이삭과 야곱에게 맹세하신 땅에 이르게 하시리라 하고 24 요셉이 또 이스라엘 자손에게 맹세시켜 이르기를 하나님이 정녕 너희를 권고하시리니 너희는 여기서 내 해골을 메고 올라가겠다 하라 하였더라 25"(창 50:24~25)

"여호와께서 가라사대 내가 애굽에 있는 내 백성의 고통을 정녕히 보고 그들이 그 간역자로 인하여 부르짖음을 듣고 그 우고를 알고 7 내가 내려와서 그들을 애굽인의 손에서 건져내고 그들을 그 땅에서 인도하여 아름답고 광대한 땅, 젖과 꿀이 흐르는 땅 곧 가나안 족속, 헷 족속, 아모리 족속, 브리스 족속, 히위 족속, 여부스 족속의 지방에 이르려 하노라 8 이제 이스라엘 자손의 부르짖음이 내게 달하고 애굽 사람이 그들을 괴롭게 하는 학대도 내가 보았으니 9 이제 내가 너를 바로에게 보내어 너로 내 백성 이스라엘 자손을 애굽에서 인도하여 내게 하리라 10 … 너는 가서 이스라엘 장로들을 모으고 그들에게 이르기를 여호와 너희 조상의 하나님 곧 아브라함과 이삭과 야곱의 하나님이 내게 나타나 이르시되 내가 실로 너희를 권고하여 너희가 애굽에서 당한 일을 보았노라 16"(출 3:7~10,16)

"모세와 아론이 가서 이스라엘 자손의 모든 장로를 모으고 29 아론이 여호와께서 모세에게 명하신 모든 말씀을 전하고 백성 앞에서 이적을 행하니 30 백성이 믿으며 여호와께서 이스라엘 자손을 돌아보시고 그 고난을 감찰하셨다 함을 듣고 머리 숙여 경배하였더라 31"(출 4:29~31)

제7장

장로들을 통해 찾아오시는 우리 하나님 1 :
구약시대 장로들의 여러 가지 직무와 사역

| 장로의 사역에 있어서 구약과 신약의 통일성

"장로는 오순절 이후의 교회에만 존재하는 것이 아닌가요?"

"이스라엘의 장로는 오늘날 신약 교회의 장로와는 완전히 다른 직분
이 아닙니까?"

한국의 그리스도인들은 이렇게 장로 직분을 구약과 단절하여 신약
에서부터 생각하는 경향이 있습니다. 그러나 구약과 신약은 통일성
있게 장로의 사역을 보여줍니다. 구약시대에는 특히 이스라엘이라는
특정한 한 민족을 중심으로 한 언약 공동체(교회), 가나안이라는 지정
된 땅, 그리고 각종 의식법(제사법)이 있었다는 점에서 신약시대와 차

이가 있습니다(참고. 웨스트민스터 신앙고백서 19:3~5[1]). 이뿐 아니라 구약
시대에는 예언과 모형(예표)을 통해 장차 오실 예수 그리스도를 계시
했기 때문에 신약시대만큼 풍성하지는 않다는 점에서도 차이가 있습
니다(참고. 웨스트민스터 신앙고백서 7:5~6[2]). 그러나 그 원리에 있어서는
동일합니다.

사실 구약시대 이스라엘 장로들의 사역을 살펴보면, 그 원리에 있
어서 신약시대와 다르지 않다는 것을 알 수 있습니다. 그 대표적인
사역은 다음과 같습니다.

---

1) "3. 보통 도덕법이라 불리는 이 법 외에도 하나님께서는 미성숙한 교회인 이스라엘 백
   성에게 여러 예표적인 규례들을 담고 있는 의식법을 기꺼이 주셨다. 이 의식법의
   한 부분은 그리스도와 그분의 은혜와 활동과 고난과 은덕들을 예표하는 예배에 대
   한 것이고, 또 한 부분은 도덕적 의무에 대한 교훈을 제시한다. 모든 의식법은 새
   언약 아래에서는 이제 폐지되었다.
   4. 하나님께서는 정치 조직체이기도 한 이스라엘 백성에게 여러 가지 재판법도 주셨는
   데, 이것은 그 백성의 신분과 더불어 폐지되었다. 이제 이 법은 일반적인 공정성이
   요구하는 것 말고는 누구에게도 더 이상 구속력을 지니지 않는다.
   5. 도덕법은 의롭다 함을 받은 자들이나 그 밖의 사람들까지도 순종하도록 정해져 있
   다. 즉, 그 안에 담겨있는 내용의 입장에서뿐만 아니라 그 법을 주신 창조주 하나님
   의 권위의 관점에서 보더라도 그러하다. 그리스도께서도 복음에서 이 법의 구속력
   을 조금도 해소하지 않으셨고 오히려 크게 강화하셨다."(웨스트민스터 신앙고백서
   19:3~5)
2) "5. 이 언약은 율법 시대와 복음 시대에 다르게 시행되었다. 율법 시대에는 약속, 예언,
   제사, 할례, 유월절 어린 양, 그리고 유대 백성에게 주신 여타 모형과 규례로 시행
   되었다. 이것들은 오실 메시아를 예표 하였고, 성령의 사역으로 그 시대에 피택자
   들로 하여금 약속된 메시아를 믿도록 교훈하고 세우기에 충분하고 효과적이었다.
   메시아로 인하여 피택자들은 완전한 사죄와 영생을 받았으니, 이 언약을 구약이라
   부른다.
   6. 실체이신 그리스도께서 나타나신 복음 시대에는 말씀의 설교, 그리고 세례와 성찬
   인 성례 집례이 언약을 배포하는 규례이다. 이 규례들은 그 수효가 상대적으
   로 적고 보다 단순하고 외적 영광이 덜한 방식으로 시행되지만, 그 안에서 언약은
   유대인이든 이방인이든 모든 민족에게 보다 풍성하며 증거가 분명하고 영적으로
   도 효과적으로 제시되니, 곧 신약이라 부른다. 그러므로 실체가 다른 두 은혜언약
   이 아니라, 배포만 다른 동일한 하나의 언약만이 있다."(웨스트민스터 신앙고백서
   7:5~6)

1) 재판 : 치리와 권징
2) 말씀 : 서약과 봉독과 교육
3) 성찬
4) 임직 : 신앙 계승과 상속
5) 심방

위에서 언급한 불연속성discontinuity이 있지만, 옛 언약 시대와 새 언약 시대 장로들의 직무와 봉사는 연속성continuity을 가지고 있습니다. 이 사실은 다음의 성경 본문들을 통해 쉽게 확인 가능합니다. 이 장에서는 위의 다섯 가지 중 네 가지를 살펴보고, 다음 장(제8장)에서 마지막 다섯 번째인 장로들의 심방 사역을 살펴보겠습니다.

| 재판 : 치리와 권징
구약시대에 장로들은 재판, 즉 치리와 권징을 담당했습니다. 아래의 본문들을 읽어보십시오.

"사람에게 완악하고 패역한 아들이 있어 그 아비의 말이나 그 어미의 말을 순종치 아니하고 부모가 징책하여도 듣지 아니하거든18 그 부모가 그를 잡아가지고 성문에 이르러 그 성읍 장로들에게 나아가서19 그 성읍 장로들에게 말하기를 우리의 이 자식은 완악하고 패역하여 우리 말을 순종치 아니하고 방탕하며 술에 잠긴 자라 하거든20 그 성읍의 모든 사람들이 그를 돌로 쳐 죽일찌니 이같이 네가 너의 중에 악을 제하라 그리하면 온 이스라엘이 듣고 두려워하리라21"(신 21:18~21)

"누구든지 아내를 취하여 그와 동침한 후에 그를 미워하여$_{13}$ 비방거리를 만들어 그에게 누명을 씌워 가로되 내가 이 여자를 취하였더니 그와 동침할 때에 그의 처녀인 표적을 보지 못하였노라 하면$_{14}$ 그 처녀의 부모가 처녀의 처녀인 표를 얻어가지고 그 **성읍문 장로들**에게로 가서$_{15}$ 처녀의 아비가 **장로들**에게 말하기를 내 딸을 이 사람에게 아내로 주었더니 그가 미워하여$_{16}$ 비방거리를 만들어 말하기를 내가 네 딸의 처녀인 표적을 보지 못하였노라 하나 보라 내 딸의 처녀인 표적이 이것이라 하고 그 부모가 그 자리옷을 그 **성읍 장로들** 앞에 펼 것이요$_{17}$ 그 **성읍 장로들**은 그 사람을 잡아 때리고$_{18}$ 이스라엘 처녀에게 누명 씌움을 인하여 그에게서 은 일백 세겔을 벌금으로 받아 여자의 아비에게 주고 그 여자로 그 남자의 평생에 버리지 못할 아내가 되게 하려니와$_{19}$ 그 일이 참되어 그 처녀에게 처녀인 표적이 없거든$_{20}$ 처녀를 그 아비집 문에서 끌어내고 그 성읍 사람들이 그를 돌로 쳐 죽일지니 이는 그가 그 아비 집에서 창기의 행동을 하여 이스라엘 중에서 악을 행하였음이라 너는 이와 같이 하여 너의 중에 악을 제할지니라$_{21}$ 남자가 유부녀와 통간함을 보거든 그 통간한 남자와 그 여자를 둘 다 죽여 이스라엘 중에 악을 제할지니라$_{22}$ 처녀인 여자가 남자와 약혼한 후에 어떤 남자가 그를 성읍중에서 만나 통간하면$_{23}$ 너희는 그들을 둘 다 성읍문으로 끌어내고 그들을 돌로 쳐 죽일 것이니 그 처녀는 성읍 중에 있어서도 소리지르지 아니하였음이요 그 남자는 그 이웃의 아내를 욕보였음이라 너는 이같이 하여 너의 중에 악을 제할지니라$_{24}$ 만일 남자가 어떤 약혼한 처녀를 들에서 만나서 강간하였거든 그 강간한 남자만 죽일 것이요$_{25}$ 처녀에게는 아무 것도 행치 말것은 처녀에게는 죽일 죄가 없음이라 이 일은 사람이 일어나 그 이웃을 쳐 죽인 것과 일반이라$_{26}$ 남자가 처녀를 들에서 만난 까닭에 그 약혼한 처녀가 소리질러도 구원할 자가 없었음이니라27 만일 남자가 어떤 약혼하지 아니한 처녀를 만나 그를 붙들고 통간하는 중 그 두 사람이 발견되거든28 그 통간한 남자는 그 처녀의 아비에게 은 오십 세겔을 주고 그 처녀로 아내를 삼을 것이라 그가 그 처녀를 욕보였은즉 평생에 그를 버리지 못하리라29 사람이 그 아비의 후실을 취하여 아비의 하체를 드러내지 말찌니라30"(신 22:13~30)

"형제가 동거하는데 그 중 하나가 죽고 아들이 없거든 그 죽은 자의 아내는 나가서 타인에게 시집가지 말 것이요 그 남편의 형제가 그에게로 들어가서 그를 취하여 아내를 삼아 그의 남편의 형제 된 의무를 그에게 다 행할 것이요5 그 여인의 낳은 첫 아들로 그 죽은 형제의 후사를 잇게 하여 그 이름을 이스라엘 중에서 끊어지지 않게 할 것이니라6 그러나 그 사람이 만일 그 형제의 아내 취하기를 즐겨하지 아니하거든 그 형제의 아내는 **그 성문 장로들**에게로 나아가서 말하기를 내 남편의 형제가 그 형제의 이름을 이스라엘 중에 잇기를 싫어하여 남편의 형제된 의무를 내게 행치 아니하나이다 할 것이요 7 **그 성읍 장로들**은 그를 불러다가 이를 것이며 그가 이미 정한 뜻대로 말하기를 내가 그 여자 취하기를 즐겨 아니하노라 하거든8 그 형제의 아내가 **장로들** 앞에서 그에게 나아가서 그의 발에서 신을 벗기고 그 얼굴에 침을 뱉으며 이르기를 그 형제의 집 세우기를 즐겨 아니하는 자에게는 이같이 할 것이라 할 것이며9 이스라엘 중에서 그의 이름을 신 벗기운 자의 집이라 칭할 것이니라10"(신 25:5~10)

"여호와께서 여호수아에게 일러 가라사대1 이스라엘 자손에게 고하

여 이르라 내가 모세로 너희에게 말한 도피성을 택정하여₂ 부지중
오살한 자를 그리로 도망하게 하라 이는 너희 중 피의 보수자³를 피
할 곳이니라₃ 그 성읍들의 하나에 도피하는 자는 그 성읍에 들어가
는 문 어귀에 서서 **그 성읍 장로들**의 귀에 자기의 사고를 고할 것
이요 그들은 그를 받아 성읍에 들여 한 곳을 주어 자기들 중에 거하
게 하고₄ 피의 보수자가 그 뒤를 따라온다 할찌라도 그들은 그 살인
자를 그의 손에 내어주지 말찌니 이는 본래 미워함이 없이 부지중
에 그 이웃을 죽였음이라₅ 그 살인자가 회중의 앞에 서서 재판을 받
기까지나 당시 대제사장의 죽기까지 그 성읍에 거하다가 그 후에 그
살인자가 본 성읍 곧 자기가 도망하여 나온 그 성읍의 자기 집으로
돌아갈찌니라₆ 무리가 납달리의 산지 갈릴리 게데스와 에브라임 산
지의 세겜과 유다 산지의 기럇 아르바 곧 헤브론을 구별하였고₇ 또
여리고 동 요단 저편 르우벤 지파 중에서 평지 광야의 베셀과 갓 지
파 중에서 길르앗라못과 므낫세 지파 중에서 바산 골란을 택하였으
니₈ 이는 곧 이스라엘 모든 자손과 그들 중에 우거하는 객을 위하여
선정한 성읍들로서 누구든지 부지중 살인한 자로 그리로 도망하여
피의 보수자의 손에 죽지 않게 하기 위함이며 그는 회중 앞에 설 때
까지 거기 있을것이니라₉"(수 20:1~9)

시편 82편은 매우 독특한 내용을 담고 있습니다. 이 시편은 재판
장들의 회(會)와 하나님의 회(會)를 연결합니다. 즉, 이스라엘의 재판
장들이 이 땅 위에서 판결하는 것이 하나님께서 하늘 보좌에서 심판
하는 것과 연결됩니다. 그래서 시편 82편은 심지어 재판장들을 가리

---

3) 한글개역성경에서 "보수자"로 번역된 히브리 단어 "גֹּאֵל(고에일)"은 다른 성경 본문에
서 주로 "구속자/기업 무를 자(redeemer)"로 번역되어 있습니다.

켜 "신들이며 지존자의 아들들"이라는 대담한 표현을 사용합니다.[4] 재판장들이 땅 위에서 매고 푸는 것이 하늘에서도 매이고 풀리는 이 원리가 신약에서는 사도와 교회의 심판권으로 이어집니다(마 16:19; 18:18; 요 20:23). 이뿐 아니라 시편 82편이 재판장들의 타락을 다루고 있다는 점에서도 충격적입니다. 이스라엘의 재판장들이 타락하면 어떻게 되겠습니까? 이스라엘이 제사장 나라로서의 기능을 상실하여 모든 열방을 죄 가운데 빠뜨리지 않겠습니까? 신약 교회 역시 마찬가지입니다. 장로들의 회(會)의 타락이야말로 교회가 범하는 최고의 중죄(重罪) 중 하나입니다.

"하나님이 **하나님의 회** 가운데 서시며 **재판장들** 중에서 판단하시되₁ 너희가 불공평한 판단을 하며 악인의 낯 보기를 언제까지 하려느냐 (셀라)₂ 가난한 자와 고아를 위하여 판단하며 곤란한 자와 빈궁한 자에게 공의를 베풀찌며₃ 가난한 자와 궁핍한 자를 구원하여 악인들의 손에서 건질찌니라 하시는도다₄ 저희는 무지무각하여 흑암 중에 왕래하니 땅의 모든 터가 흔들리도다₅ 내가 말하기를 **너희는 신들이며 다 지존자의 아들들**이라 하였으나₆ 너희는 범인 같이 죽으며 방백의 하나 같이 엎더지리로다₇ 하나님이여 일어나사 세상을 판단하소서 모든 열방이 주의 기업이 되겠음이니이다₈"(시 82:1~8; 참고. 요

---

4) 이와 유사한 표현이 이스라엘의 선지자/구원자/중보자 모세에게도 사용됩니다. 모세는 하나님을 대리하여 애굽과 그 신들을 심판하기 때문입니다(출 12:12; 민 33:4).
"여호와께서 모세에게 이르시되 볼찌어다 내가 너로 바로에게 신이 되게 하였은즉 네형 아론은 네 대언자가 되리니"(출 7:1)
사실 선지자는 장로, 왕, 제사장을 넘어 최종적인 심판권도 가지고 있습니다(참고. 왕상 19:15~17). 말씀 사역뿐 아니라 이런 점에서도, 선지자는 장차 오실 예수 그리스도의 그림자입니다.

| 말씀 : 서약과 봉독과 교육

구약시대에 장로들은 말씀 사역을 했습니다. 이는 구체적으로 언약식에서의 서약과 성경을 봉독하는 일과 말씀으로 그 백성들을 교육하는 책임으로 나타났습니다. 이런 점에서 볼 때, 선지자, 대제사장과 제사장들을 위시한 레위인, 왕, 장로, 언약의 부모는 말씀 사역과 교육이라는 점에서 기능적으로 서로 연결됩니다.

"또 모세에게 이르시되 너는 아론과 나답과 아비후와 **이스라엘 장로 칠십인**과 함께 여호와에게로 올라와 멀리서 경배하고₁ 너 모세만 여호와에게 가까이 나아오고 그들은 가까이 나아오지 말며 백성은 너와 함께 올라오지 말찌니라₂ 모세가 와서 여호와의 모든 말씀과 그 모든 율례를 백성에게 고하매 그들이 한 소리로 응답하여 가로되 여호와의 명하신 모든 말씀을 우리가 준행하리이다₃ 모세가 여호와의 모든 말씀을 기록하고 이른 아침에 일어나 산 아래 단을 쌓고 이스라엘 십 이 지파대로 열 두 기둥을 세우고₄ 이스라엘 자손의 청년들을 보내어 번제와 소로 화목제를 여호와께 드리게 하고₅ 모세가 피를 취하여 반은 여러 양푼에 담고 반은 단에 뿌리고₆ 언약서를 가져 백성에게 낭독하여 들리매 그들이 가로되 여호와의 모든 말씀을 우

---

5) "예수께서 가라사대 너희 율법에 기록한바 내가 너희를 **신**이라 하였노라 하지 아니하였느냐₃₄ 성경은 폐하지 못하나니 하나님의 말씀을 받은 사람들을 **신**이라 하셨거든₃₅ 하물며 아버지께서 거룩하게 하사 세상에 보내신 자가 나는 하나님 아들이라 하는 것으로 너희가 어찌 참람하다 하느냐₃₆"(요 10:34~36)

리가 준행하리이다₇ 모세가 그 피를 취하여 백성에게 뿌려 가로되 이는 여호와께서 이 모든 말씀에 대하여 너희와 세우신 언약의 피니라₈ 모세와 아론과 나답과 아비후와 **이스라엘 장로 칠십인**이 올라가서₉ 이스라엘 하나님을 보니 그 발 아래에는 청옥을 편듯하고 하늘 같이 청명하더라₁₀ 하나님이 **이스라엘의 존귀한 자들**에게 손을 대지 아니하셨고 그들은 하나님을 보고 먹고 마셨더라₁₁"(출 24:1~11)

"**여호와께서 구름 가운데 강림하사 모세에게 말씀하시고 그에게 임한 신을 칠십 장로에게도 임하게 하시니 신이 임하신 때에 그들이 예언을 하다가 다시는 아니하였더라**₂₅ 그 녹명된 자 중 엘닷이라 하는 자와 메닷이라 하는 자 두 사람이 진에 머물고 회막에 나아가지 아니하였으나 그들에게도 신이 임하였으므로 진에서 예언한지라₂₆ 한 소년이 달려와서 모세에게 고하여 가로되 엘닷과 메닷이 진중에서 예언하더이다 하매₂₇ 택한 자 중 한 사람 곧 모세를 섬기는 눈의 아들 여호수아가 말하여 가로되 내 주 모세여 금하소서₂₈ 모세가 그에게 이르되 네가 나를 위하여 시기하느냐 여호와께서 그 신을 그 모든 백성에게 주사 다 **선지자** 되게 하시기를 원하노라₂₉ 모세와 **이스라엘 장로들**이 진중으로 돌아왔더라₃₀"(민 11:25~30)

"모세가 **이스라엘 장로들**로 더불어 백성에게 명하여 가로되 내가 오늘날 너희에게 명하는 이 명령을 너희는 다 지킬찌니라₁ … 또 화목제를 드리고 거기서 먹으며 네 하나님 여호와 앞에서 즐거워하라₇ 너는 이 율법의 모든 말씀을 그 돌들 위에 명백히 기록할찌니라₈ … 너희가 요단을 건넌 후에 시므온과 레위와 유다와 잇사갈과 요셉과 베냐민은 백성을 축복하기 위하여 그리심산에 서고

~~12~~ 르우벤과 갓과 아셀과 스불론과 단과 납달리는 저주하기 위하여 에발산에 서고~~13~~ ⋯ 이 율법의 모든 말씀을 실행치 아니하는 자는 저주를 받을 것이라 할 것이요 모든 백성은 아멘 할찌니라~~26~~"(신 27:1,7~8,12~13,26)

"모세가 이 **율법**을 써서 여호와의 언약궤를 메는 레위 자손 제사장들과 **이스라엘 모든 장로**에게 주고~~9~~ 그들에게 명하여 이르기를 매 칠년 끝 해 곧 정기 면제년의 초막절에~~10~~ 온 이스라엘이 네 하나님 여호와 앞 그 택하신 곳에 모일 때에 이 **율법을 낭독**하여 온 이스라엘로 듣게 할찌니~~11~~ 곧 백성의 남녀와 유치와 네 성안에 우거하는 타국인을 모으고 그들로 듣고 배우고 네 하나님 여호와를 경외하며 **이 율법의 모든 말씀**을 지켜 행하게 하고~~12~~ 또 너희가 요단을 건너가서 얻을 땅에 거할 동안에 이 말씀을 알지 못하는 그들의 자녀로 듣고 네 하나님 여호와 경외하기를 배우게 할찌니라~~13~~ ⋯ **너희 지파 모든 장로와 유사들을 내 앞에 모으라 내가 이 말씀을 그들의 귀에 들리고 그들에게 천지로 증거를 삼으리라**~~28~~ 내가 알거니와 내가 죽은 후에 너희가 스스로 부패하여 내가 너희에게 명한 길을 떠나서 여호와의 목전에 악을 행하여 너희의 손으로 하는 일로 그를 격노케 하므로 너희가 말세에 재앙을 당하리라 하니라~~29~~ **모세가 이스라엘 총회에게 이 노래의 말씀을 끝까지 읽어 들리니라**~~30~~"(신 31:9~13,28~30)

"때에 여호수아가 이스라엘의 하나님 여호와를 위하여 에발산에 한 단을 쌓았으니~~30~~ 이는 여호와의 종 모세가 이스라엘 자손에게 명한 것과 모세의 율법책에 기록된대로 철연장으로 다듬지 아니한 새 돌

로 만든 단이라 무리가 여호와께 **번제와 화목제**를 그 위에 드렸으며
31 여호수아가 거기서 **모세의 기록한 율법을 이스라엘 자손의 목전
에서 그 돌에 기록**하매32 온 이스라엘과 그 **장로들**과 유사들과 재판
장들과 본토인 뿐 아니라 이방인까지 여호와의 언약궤를 멘 레위 사
람 제사장들 앞에서 궤의 좌우에 서되 절반은 그리심산 앞에, 절반
은 에발산 앞에 섰으니 이는 이왕에 여호와의 종 모세가 이스라엘
백성에게 축복하라고 명한대로 함이라33 그 후에 **여호수아가 무릇
율법책에 기록된대로 축복과 저주하는 율법의 모든 말씀을 낭독**하
였으니34 모세의 명한 것은 여호수아가 이스라엘 온 회중과 여인과
아이와 그들 중에 동거하는 객들 앞에 낭독하지 아니한 말이 하나도
없었더라35"(수 8:30~35)

| 성찬

아직 구약시대이므로 비록 희미하긴 하지만, 장로들이 성찬과도 밀
접한 관련을 맺고 있다는 사실을 다음의 본문들을 통해 알 수 있습니
다.

먼저 유월절이 옛 언약 시대의 성찬이라는 사실은 이미 잘 알려
져 있습니다. 이스라엘은 어린 양의 고기와 누룩 없는 떡을 쓴 나물
과 함께 먹습니다. 이때 장로들이 중요한 역할을 담당합니다. 누룩
없는 떡과 유월절 어린 양은 장차 오실 예수 그리스도의 그림자입
니다(고전 5:7~8). 우리는 그분의 보배로운 피로 구속받았습니다(벧전
1:18~19). 옛 이스라엘과 마찬가지로, 우리는 예수 그리스도의 대속
의 죽음을 그분이 다시 오실 때까지 기념합니다(고전 11:23~26). 장로
들이 시행하는 성찬을 통해서 말입니다.

"모세가 **이스라엘 모든 장로**를 불러서 그들에게 이르되 너희는 나가서 너희 가족대로 어린 양을 택하여 유월절 양으로 잡고$_{21}$ 너희는 우슬초 묶음을 취하여 그릇에 담은 피에 적시어서 그 피를 문 인방과 좌우 설주에 뿌리고 아침까지 한 사람도 자기 집 문밖에 나가지 말라$_{22}$ 여호와께서 애굽 사람을 치러 두루 다니실 때에 문 인방과 좌우 설주의 피를 보시면 그 문을 넘으시고 멸하는 자로 너희 집에 들어가서 너희를 치지 못하게 하실 것임이니라$_{23}$"(출 12:21~23)

유월절 외에도 다음의 사건들과 본문들 역시 장로들의 성찬 사역에 대한 그림자입니다. 신약과의 차이가 있다면, 옛 언약 시대에는 자주 이스라엘을 대표하여 장로들이 이 성찬에 참여했으나 이제는 신앙을 고백하는 모든 성도가 주님의 식탁에 참여한다는 점입니다.

"모세의 장인 이드로가 번제물과 희생을 하나님께 가져오매 아론과 **이스라엘 모든 장로**가 와서 모세의 장인과 함께 하나님 앞에서 떡을 먹으니라"(출 18:12)[6]

"모세와 아론과 나답과 아비후와 **이스라엘 장로 칠십인**이 올라가서$_9$ 이스라엘 하나님을 보니 그 발 아래에는 청옥을 편듯하고 하늘 같이 청명하더라$_{10}$ 하나님이 **이스라엘의 존귀한 자들**에게 손을 대지 아니하셨고 그들은 하나님을 보고 먹고 마셨더라$_{11}$"(출 24:9~11)

---

6) 출애굽기 18장에서 이 성찬이 신앙고백(5~11절), 그리고 치리와 권징(13~27절; 참고. 신 1:12~18)과도 연결되어 있다는 사실에 주목하십시오.

언약식 등에서의 장로들의 성찬 참여는 이스라엘의 제사와 절기 준수로 확대됩니다. 이스라엘 백성들은 하나님 앞에 나아가 먹고 마십니다. 신약과의 차이가 있다면, 하나님의 것은 그분께 드리고 자신과 가족의 것을 따로 준비해야 한다는 점입니다. 그러나 신약시대에 사는 우리는 성령 하나님의 사역으로 말미암아, 하나님 아버지의 식탁에 올라, 아들 하나님을 먹고 마십니다.

> "모세가 **이스라엘 장로들**로 더불어 백성에게 명하여 가로되 내가 오늘날 너희에게 명하는 이 명령을 너희는 다 지킬찌니라₁ … 또 **화목제**를 드리고 거기서 먹으며 네 하나님 **여호와** 앞에서 즐거워하라₇ 너는 이 율법의 모든 말씀을 그 돌들 위에 명백히 기록할찌니라₈"(신 27:1,7~8)[7]

| 임직 : 신앙 계승과 상속

오늘날 한국 교회의 그리스도인 중 구약시대 장로들이 임직에도 깊이 관여했다는 사실을 아는 이가 거의 없습니다. 이미 구약시대에서부터, 장로들은 임직을 통해 교회의 신앙을 계승하고 상속하는 사역을 이어갔습니다.

> "모세가 **여호수아**를 불러 온 이스라엘 목전에서 그에게 이르되 너는 마음을 강하게 하고 담대히 하라 너는 이 백성을 거느리고 여호와께서 그들의 열조에게 주리라고 맹세하신 땅에 들어가서 그들로 그 땅

---

7) 장로들을 중심으로 한 이 성찬이 성경 봉독, 그리고 서약과 연결되어 있다는 사실에 주목하십시오.

을 얻게 하라7 여호와 그가 네 앞서 행하시며 너와 함께하사 너를 떠나지 아니하시며 버리지 아니하시리니 너는 두려워 말라 놀라지 말라8 모세가 이 율법을 써서 여호와의 언약궤를 메는 레위 자손 제사장들과 **이스라엘 모든 장로**에게 주고9 그들에게 명하여 이르기를 매 칠년 끝 해 곧 정기 면제년의 초막절에10 온 이스라엘이 네 하나님 여호와 앞 그 택하신 곳에 모일 때에 이 **율법을 낭독**하여 온 이스라엘로 듣게 할찌니11 **곧 백성의 남녀와 유치와 네 성안에 우거하는 타국인을 모으고 그들로 듣고 배우고 네 하나님 여호와를 경외하며 이 율법의 모든 말씀을 지켜 행하게 하고**12 **또 너희가 요단을 건너가서 얻을 땅에 거할 동안에 이 말씀을 알지 못하는 그들의 자녀로 듣고 네 하나님 여호와 경외하기를 배우게 할찌니라**13 여호와께서 모세에게 이르시되 너의 죽을 기한이 가까왔으니 여호수아를 불러서 함께 회막으로 나아오라 내가 그에게 명을 내리리라 모세와 여호수아가 나아가서 회막에 서니14 여호와께서 구름 기둥 가운데서 장막에 나타나시고 구름 기둥은 장막문 위에 머물렀더라15 … **모세가 눈의 아들 여호수아에게 안수하였으므로 그에게 지혜의 신이 충만하니 이스라엘 자손이 여호와께서 모세에게 명하신대로 여호수아의 말을 순종하였더라**34:9"(신 31:7~15; 34:9)[8]

"여호와께서 이스라엘의 사방 대적을 다 멸하시고 안식을 이스라엘에게 주신지 오랜 후에 여호수아가 나이 많아 늙은지라1 여호수아가 온 이스라엘 곧 **그 장로들과** 두령들과 재판장들과 유사들을 불러다가 그들에게 이르되 나는 나이 많아 늙었도다2 … 그러므로 **너희는**

---

8) 모세의 여호수아 임직이 장로들의 회(會)에 위임한 말씀 사역과 연결되어 있다는 사실에 주목하십시오.

크게 힘써 모세의 율법 책에 기록된 것을 다 지켜 행하라 그것을 떠나 좌로나 우로나 치우치지 말라$_6$"(수 23:1~2,6)[9]

"여호수아가 이스라엘 모든 지파를 세겜에 모으고 **이스라엘 장로들**과 그 두령들과 재판장들과 유사들을 부르매 그들이 하나님 앞에 보인지라$_1$ ⋯ 그러므로 이제는 여호와를 경외하며 성실과 진정으로 그를 섬길 것이라 너희의 열조가 강 저편과 애굽에서 섬기던 신들을 제하여 버리고 여호와만 섬기라$_{14}$ 만일 여호와를 섬기는 것이 너희에게 좋지 않게 보이거든 너희 열조가 강 저편에서 섬기던 신이든지 혹 너희의 거하는 땅 아모리 사람의 신이든지 너희 섬길 자를 오늘날 택하라 오직 나와 내 집은 여호와를 섬기겠노라$_{15}$ **백성이 대답하여 가로되 여호와를 버리고 다른 신들 섬기는 일을 우리가 결단코 하지 아니하오리니**$_{16}$ ⋯ **백성이 여호수아에게 말하되 아니니이다 우리가 정녕 여호와를 섬기겠나이다**$_{21}$ 여호수아가 백성에게 이르되 너희가 여호와를 택하고 그를 섬기리라 하였으니 스스로 증인이 되었느니라 **그들이 가로되 우리가 증인이 되었나이다**$_{22}$ 여호수아가 가로되 그러면 이제 너희 중에 있는 이방신들을 제하여 버리고 너희 마음을 이스라엘의 하나님 여호와께로 향하라$_{23}$ 백성이 여호수아에게 말하되 우리 하나님 여호와를 우리가 섬기고 그 목소리를 우리가 청종하리이다 한지라$_{24}$ 그 날에 **여호수아가 세겜에서 백성으로 더불어 언약을 세우고 그들을 위하여 율례와 법도를 베풀었더라**$_{25}$ **여호수아가 이 모든 말씀을 하나님의 율법 책에 기록**하고 큰 돌을 취하여 거기 여호와의 성소 곁에 있는 상수리나무 아래 세우고

---

9) 신앙의 계승과 상속이 장로들의 회(會)에 위임한 말씀과 연결되어 있다는 사실에 주목하십시오.

26 모든 백성에게 이르되 보라 이 돌이 우리에게 증거가 되리니 이
는 여호와께서 우리에게 하신 모든 말씀을 이 돌이 들었음이라 그
런즉 너희로 너희 하나님을 배반치 않게 하도록 이 돌이 증거가 되
리라 하고27 백성을 보내어 각기 기업으로 돌아가게 하였더라28"(수
24:1,14~16,21~28)[10]

"이스라엘 모든 지파가 헤브론에 이르러 다윗에게 나아와 말하여 가
로되 보소서 우리는 왕의 골육이니이다1 전일 곧 사울이 우리의 왕
이 되었을 때에도 이스라엘을 거느려 출입하게 한 자는 왕이시었고
여호와께서도 왕에게 말씀하시기를 네가 내 백성 이스라엘의 목자
가 되며 이스라엘의 주권자가 되리라 하셨나이다 하니라2 이에 **이스**
라엘 모든 장로가 헤브론에 이르러 왕에게 나아오매 다윗왕이 헤브
론에서 여호와 앞에서 저희와 언약을 세우매 **저희가 다윗에게 기름**
을 부어 이스라엘 왕을 삼으니라3"(삼하 5:1~3)[11]

"온 이스라엘이 헤브론에 모여 다윗을 보고 가로되 우리는 왕의 골
육이니이다1 전일 곧 사울이 왕이 되었을 때에도 이스라엘을 거느려
출입하게 한 자가 왕이시었고 왕의 하나님 여호와께서도 왕에게 말
씀하시기를 네가 내 백성 이스라엘의 목자가 되며 내 백성 이스라엘
의 주권자가 되리라 하셨나이다 하니라2 이에 **이스라엘 모든 장로**
가 헤브론에 이르러 왕에게 나아오니 다윗이 헤브론에서 여호와 앞
에서 저희와 언약을 세우매 **저희가 다윗에게 기름을 부어 이스라엘**

10) 여기서도 신앙의 계승과 상속이 장로들의 회(會)에 위임한 말씀. 그리고 서약과 연결
　　되어 있다는 사실에 주목하십시오.
11) 다윗의 임직(왕)이 장로들의 회(會)를 중심으로 한 온 교회(이스라엘 전체)의 신앙고
　　백 - 다윗을 메시아로 고백하는 - 과 연결되어 있다는 사실에 주목하십시오.

왕을 삼으니 여호와께서 사무엘로 전하신 말씀대로 되었더라₃"(대상 11:1~3)[12]

이 외에도 여러 가지 사역들이 더 있지만, 이상의 내용만 보더라도 장로들의 사역에 있어서 구약성경과 신약성경의 연속성continuity을 발견할 수 있습니다. 그러므로 구약시대 장로들의 사역을 살피는 것은 오늘날에도 큰 유익이 됩니다. 이제 다음 장에서는 장로들의 이 여러 가지 사역 가운데 심방pastoral visitation이 갖는 의미를 배우겠습니다.

---

12) 이에 대한 보다 상세한 설명으로는 권기현, 『선교, 교회의 사명』 52~68을 참고하십시오.

1. 구약시대 장로들의 사역을 다섯 가지로 요약해서 말해보십시오.

2. 구약시대 장로들의 재판 사역에 관한 본문들을 말해보고, 설명해보십시오.

3. 구약시대 장로들의 말씀 사역에 관한 본문들을 말해보고, 설명해보십시오.

4. 구약시대 장로들이 성찬에 관여한 본문들을 말해보고, 설명해보십시오.

5. 구약시대 장로들이 임직에 관여한 본문들을 말해보고, 설명해보십시오.

6. 한 걸음 더 웨스트민스터 신앙고백서 7장 5절과 6절을 읽고, 이것이 장로들의 사역과 관련하여 어떤 의미를 지니는지 설명해보십시오. 봉독과 교육이 장로들의 사역이라면, 우리의 성경 읽기와 묵상이 어떻게 교정되어야 할까요?

장로들을 통해 찾아오시는 우리 하나님 2 : 구약시대 장로들의 심방 사역

"요셉이 그 형제에게 이르되 나는 죽으나 하나님이 너희를 권고하시고 너희를 이 땅에서 인도하여 내사 아브라함과 이삭과 야곱에게 맹세하신 땅에 이르게 하시리라 하고 24 요셉이 또 이스라엘 자손에게 맹세시켜 이르기를 하나님이 정녕 너희를 권고하시리니 너희는 여기서 내 해골을 메고 올라가겠다 하라 하였더라25 "(창 50:24〜25)

"여호와께서 가라사대 내가 애굽에 있는 내 백성의 고통을 정녕히 보고 그들이 그 간역자로 인하여 부르짖음을 듣고 그 우고를 알고 7 내가 내려와서 그들을 애굽인의 손에서 건져내고 그들을 그 땅에서 인도하여 아름답고 광대한 땅, 젖과 꿀이 흐르는 땅 곧 가나안 족속, 헷 족속, 아모리 족속, 브리스 족속, 히위 족속, 여부스 족속의 지방에 이르려 하노라8 이제 이스라엘 자손의 부르짖음이 내게 달하고 애굽 사람이 그들을 괴롭게 하는 학대도 내가 보았으니 9 이제 내가 너를 바로에게 보내어 너로 내 백성 이스라엘 자손을 애굽에서 인도하여 내게 하리라10 … 너는 가서 이스라엘 장로들을 모으고 그들에게 이르기를 여호와 너희 조상의 하나님 곧 아브라함과 이삭과 야곱의 하나님이 내게 나타나 이르시되 내가 실로 너희를 권고하여 너희가 애굽에서 당한 일을 보았노라 16 "(출 3:7〜10,16)

"모세와 아론이 가서 이스라엘 자손의 모든 장로를 모으고 29 아론이 여호와께서 모세에게 명하신 모든 말씀을 전하고 백성 앞에서 이적을 행하니 30 백성이 믿으며 여호와께서 이스라엘 자손을 돌아보시고 그 고난을 감찰하셨다 함을 듣고 머리 숙여 경배하였더라31 "(출 4:29〜31)

제8장

장로들을 통해 찾아오시는 우리 하나님 2 : 구약시대 장로들의 심방 사역

우리는 바로 앞의 제7장에서 구약시대 장로들의 여러 가지 사역 중 다음의 네 가지를 배웠습니다.

1) 재판 : 치리와 권징
2) 말씀 : 서약과 봉독과 교육
3) 성찬
4) 임직 : 신앙 계승과 상속

이제 이 장에서 배울 내용은 장로들의 심방pastoral visitation 사역입니다.

| 하나님께서 찾아오시겠다는 약속

창세기는 요셉의 유언과 죽음으로 끝납니다. 요셉은 마치 창세기의 마지막 아담처럼 그려집니다. (자신과 아내의) 범죄의 결과로, 첫 아담은 동산에서 쫓겨납니다. 그러나 형제들의 범죄의 결과로, 요셉은 당대 교회(야곱의 장막)에서 쫓겨납니다. 하나님께서는 모든 영광과 권위를 잃어버린, 그래서 벌거벗은 수치를 스스로 가리지 못하는 첫 아담에게 가죽옷을 입히십니다. 요셉은 형제들에 의해, 그리고 보디발의 아내에 의해 벗겨진 옷보다 더 큰 영광과 권위의 옷을 입고서 교회의 수치를 회복합니다. 첫 아담은 첫 범죄로 인해 자신과 언약 백성(아내)과 온 세상을 망쳐버립니다. 그러나 요셉은 자신뿐 아니라 심판(흉년) 아래 있던 언약 백성(이스라엘)과 세상(애굽)까지도 회복합니다. 이런 점에서 볼 때, 요셉은 창세기의 마지막 아담과 같습니다. 그는 아담이 망쳐버린 것들을 회복합니다.

그럼에도 요셉은 단지 창세기의 마지막 아담the last Adam in Genesis일 뿐 구속사의 마지막 아담the ultimate Adam in the redemptive history은 아닙니다. 그는 장차 오실 마지막 아담, 즉 예수 그리스도의 그림자일 뿐입니다. 장차 죽음에서 부활하여 영광과 존귀로 옷 입고 관 쓰실(히 2:7,9; 참고. 시 8:5) 예수 그리스도께서는 그분 자신의 영광뿐 아니라 언약 백성(교회)과 온 세상까지도 마침내 회복하실 것입니다(고전 15:23~24; 빌 2:9~11).

요셉의 임종이 다가왔습니다. 요셉은 친족들에게 장차 하나님께서 찾아오실 것을 유언으로 남깁니다.

"요셉이 그 형제에게 이르되 나는 죽으나 하나님이 너희를 **권고하시** 고 너희를 이 땅에서 인도하여 내사 아브라함과 이삭과 야곱에게 맹세하신 땅에 이르게 하시리라 하고[24] 요셉이 또 이스라엘 자손에게 맹세시켜 이르기를 하나님이 **정녕** 너희를 **권고하시리니** 너희는 여기서 내 해골을 메고 올라가겠다 하라 하였더라[25]"(창 50:24~25)

24절과 25절에서 "권고하시고"와 "권고하시리니"[1]로 번역된 히브리 동사는 "קָפַד(파카드)"인데, 이는 '방문하다visit'는 뜻입니다. 즉, 하나님께서 찾아오신다는 뜻입니다. 히브리어 성경에는 이 단어가 24~25절에 무려 네 번이나 사용되었습니다. 즉, "권고하시고"(24절)와 "권고하시리니"(25절) 양쪽 모두에서 이 단어가 각각 두 번씩 중복으로 사용되었습니다. 이는 그 약속을 반드시 성취하시겠다는 하나님의 확고한 의지를 보여줍니다. 그래서 한글개역성경 25절에는 이 단어 중 하나가 "정녕"[2]으로 번역되어 있습니다. 이러한 강조 용법에 의거하여 이 어구를 다음과 같이 번역할 수 있습니다.

"… 하나님께서 당신들을 **반드시 찾아오시고** … 하나님께서 당신들을 **반드시 찾아오시리니** …"

| 하나님께서 찾아오실 것 같지 않은 상황

그러나 바로 그다음 출애굽기 1~2장을 보면, 요셉의 유언이 이루어질 것 같지 않은 숨 막히는 압제가 시작됩니다. 바로와 애굽인들이 이스라엘을 보호하기는커녕 오히려 노예로 삼아 학대합니다. 사내아이를 강에 던져버리게 합니다. 이스라엘은 울부짖습니다.

---

1) 한글개역개정성경에는 "돌보시고"(24절), "돌보시리니"(25절)로 번역되었습니다.
2) 한글개역개정성경에는 "반드시"로 번역되었습니다.

"여러 해 후에 애굽 왕은 죽었고 이스라엘 자손은 고역으로 인하여 탄식하며 부르짖으니 그 고역으로 인하여 부르짖는 소리가 하나님께 상달한지라"(출 2:23)

하나님께서 그들을 버리신 것 같은 상황입니다. 하나님께서 도무지 그들을 찾아와주실 것 같지 않은 상황입니다. 하나님께서 과연 그들에게 찾아와주실까요? 요셉의 유언이 정말 이루어질까요?

| 중보자/구원자를 통해 찾아오시는 하나님
바로 이때 하나님께서 그 백성들을 버리지 않으셨다는 놀라운 복음이 선포됩니다.

한글개역성경:
"하나님이 그 고통 소리를 들으시고 아브라함과 이삭과 야곱에게 세운 그 언약을 **기억하사**24 이스라엘 자손을 **권념하셨더라**(필자 주: 보셨고 아셨더라)25"(출 2:24~25)

한글개역개정성경:
"하나님이 그들의 고통 소리를 들으시고 하나님이 아브라함과 이삭과 야곱에게 세운 그의 언약을 **기억하사**24 하나님이 이스라엘 자손을 **돌보셨고**(필자 주: 보셨고) 하나님이 그들을 **기억하셨더라**(필자 주: 아셨더라)25"(출 2:24~25)

하나님을 주어로 하는 네 개의 동사가 그것을 보여줍니다. "들으셨다", "기억하셨다", "보셨다", "아셨다"가 그것입니다.[3] 이 어마어마한 압제와 고역 가운데서도 하나님께서는 교회(이스라엘)를 버리지 않으십니다. 그분은 마침내 그 백성들을 찾아오십니다. 그러나 그 백성들에게 직접 찾아오지 않으시고, 가장 먼저 중보자 모세를 통해 찾아오십니다. 하나님께서는 호렙 산 떨기나무 불꽃 가운데서 모세를 만나 이렇게 말씀하십니다.

"여호와께서 가라사대 내가 애굽에 있는 내 백성의 고통을 정녕히 보고 그들이 그 간역자로 인하여 부르짖음을 듣고 그 우고를 알고[7] 내가 내려와서 그들을 애굽인의 손에서 건져내고 그들을 그 땅에서 인도하여 아름답고 광대한 땅, 젖과 꿀이 흐르는 땅 곧 가나안 족속, 헷 족속, 아모리 족속, 브리스 족속, 히위 족속, 여부스 족속의 지방에 이르려 하노라[8] 이제 이스라엘 자손의 부르짖음이 내게 달하고 애굽 사람이 그들을 괴롭게 하는 학대도 내가 보았으니[9] 이제 내가 너를 바로에게 보내어 너로 내 백성 이스라엘 자손을 애굽에서 인도하여 내게 하리라[10]"(출 3:7~10)

하나님께서는 "내려와서"(8절) 이스라엘 백성들을 애굽에서 가나안 땅으로 데려갈 것을 약속하십니다. 그러나 친히 애굽에 강림하지 않으시고, 그 대신 중보자/구원자 모세를 애굽으로 보내십니다(10절). 하나님께서 그 백성들에게 중보자/구원자를 보내시는 것이야말로 그분이 그 백성들을 찾아오시는 것과 같다는 뜻입니다.

이렇게 압제 받는 이스라엘 백성들에게 찾아오신 하나님께서는 마

---

3) 한글개역성경에는 "보셨다"와 "아셨다"라는 이 두 개의 동사가 하나로 묶여 "권념하셨더라"로 번역되었습니다.

침내 모세보다 더 큰 중보자/구원자 예수 그리스도를 이 땅에 보내 십니다. 예수님의 성육신이야말로 하나님께서 죄와 사망과 사탄의 압제 가운데 있는 백성들에게 찾아오셨다는 가장 큰 증거입니다.

"보라 처녀가 잉태하여 아들을 낳을 것이요 그 이름은 임마누엘이라 하리라 하셨으니 이를 번역한즉 하나님이 우리와 함께 계시다 함이 라"(마 1:23)

"본래 하나님을 본 사람이 없으되 아버지 품속에 있는 독생하신 하 나님이 나타내셨느니라"(요 1:18)

"예수께서 가라사대 빌립아 내가 이렇게 오래 너희와 함께 있으되 네가 나를 알지 못하느냐 나를 본 자는 아버지를 보았거늘 어찌하여 아버지를 보이라 하느냐9 나는 아버지 안에 있고 아버지는 내 안에 계신 것을 네가 믿지 아니하느냐 내가 너희에게 이르는 말이 스스로 하는 것이 아니라 아버지께서 내 안에 계셔 그의 일을 하시는 것이 라10"(요 14:9~10)

| 장로들을 통해 찾아오시는 하나님

하나님께서는 모세에게 먼저 이스라엘의 장로들을 만나라고 지시하 십니다. 그들에게 가서 하나님께서 그들을 찾아오셨다는 사실을 전 하라고 말씀하십니다. 모세는 하나님의 이 말씀에 순종합니다.

"너는 가서 이스라엘 장로들을 모으고 그들에게 이르기를 여호와 너희 조상의 하나님 곧 아브라함과 이삭과 야곱의 하나님이 내게 나타나 이르시되 내가 실로 너희를 **권고하여**(필자 주: 방문하여) 너희가 애굽에서 당한 일을 보았노라"(출 3:16)

"**모세와 아론이 가서 이스라엘 자손의 모든 장로를 모으고**₂₉ 아론이 여호와께서 모세에게 명하신 모든 말씀을 전하고 **백성** 앞에서 이적을 행하니₃₀ **백성**이 믿으며 여호와께서 이스라엘 자손을 **돌아보시고**(필자 주: 방문하시고) 그 고난을 감찰하셨다 함을 듣고 머리 숙여 경배하였더라₃₁"(출 4:29~31)

위의 구절에서 "권고하여"[4]와 "돌아보시고"[5]는 오래전 요셉이 자신의 유언에서 사용한 바로 그 단어 "פָּקַד(파카드)", 즉 '방문하다'는 뜻입니다. 모세는 이스라엘 장로들을 모아 하나님께서 애굽의 압제하에 있는 이스라엘 백성들을 방문하셨다고 전합니다. 이 말을 들은 이스라엘 백성들 역시 하나님께서 자신들을 방문하셨다고 고백합니다.

여기에 중요한 한 가지가 생략되어 있습니다. 모세는 이스라엘 자손들에게 하나님의 방문을 직접 전하지 않았습니다. 그런데 이스라엘 자손들이 어떻게 이를 듣고 믿어 고백할 수 있었습니까?

여기에는 장로들의 사역이 암시되어 있습니다. 모세가 전하는 하나님의 말씀을 듣고, 그가 일으키는 표적을 지켜본 장로들이 이스라엘 백성들에게 그 내용을 가서 전달한 것입니다. (30절은 "백성 앞에서 이적을 행하니"라고 말씀하는데, 이는 이스라엘 백성 전체라기보다

---

4) 한글개역개정성경에는 "돌보아"로 번역되었습니다.
5) 한글개역개정성경에는 "찾으시고"로 번역되었습니다.

는 그들의 대표자로 소환된 장로들 앞에서 이적을 행한 것이라고 이해하는 편이 훨씬 나을 것입니다.) 즉, 이스라엘 백성들은 모세가 장로들에게 전한 말씀을, 장로들의 방문을 통해 전해 들은 것입니다. 중보자/구원자 모세를 보내신 하나님께서는 이스라엘의 장로들을 통해 그분의 말씀을 이스라엘 자손들에게 전달하셨습니다. **하나님께서는 장로들을 통해 압제 받는 교회를 방문하셨습니다.**

이상의 내용을 도표로 나타내면 다음과 같습니다.

표 2. 오시는 하나님

모세시대(옛 언약 시대)		새 언약 시대		오시는 하나님
약속	오시는 하나님	약속	오시는 하나님	성부의 사역
성취	중보자/구원자 모세의 심방	성취	중보자/구원자 예수님의 성육신	성자의 사역
적용 (계속)	이스라엘 장로들의 심방	적용 (계속)	오순절 성령 강림과 내주 장로들의 심방	성령의 사역

성육신을 통해 찾아오신 예수님께서는 성령을 오순절에 부어주심으로 신약 교회를 찾아오셨습니다. 성령님께서는 공동체적으로는 그분의 몸 된 교회에, 그리고 개인적으로는 신자들에게 영원토록 내주하십니다. 그것이 끝이 아닙니다. 하나님께서는 지금도 중보자/구원자 예수 그리스도의 말씀으로 그 백성들을 찾아오십니다. 가르치는 장로(목사)의 설교와 성례[6]를 통해 공예배 중에 찾아오십니다. 주일에

---

6) 성례는 눈으로 보여주시는 말씀이므로 이 역시 말씀 사역입니다. 성찬 시간에 교회는 그리스도를 기념(회상, memorial)하지만, 단지 그것만이 아닙니다. 한 걸음 더 나아가, 성령 하나님의 사역을 통해 우리를 찾아오시는 그분을 만납니다. 그래서 우리의 성찬

선포한 설교 말씀으로 주중에 성도들을 심방하는 장로들을 통해 찾아오십니다. 그러므로 하나님께서는 주일 공예배와 주중 심방을 통해 지금도 우리를 찾아오십니다. 장로 직분이 재림 때까지 언제나 존재할 것이기에(항존 직분) 그분은 공예배와 심방을 통해 세상 끝날까지 언제나 우리를 찾아오십니다. 언제나 우리와 함께 하십니다.

은 ① 영적(Spiritual, 성령을 가리킴), ② 상징적(symbolic)인 동시에 ③ 참되고도 실제적(true and real) 성찬입니다. 상징(symbol)과 실제(reality)는 반대말이 아닙니다.
"… 이때 그리스도의 몸과 피는 빵과 포도주 안이나 그것들과 더불어 또는 그것들 아래에 몸으로나 육적으로 임재하지 않는다. 오히려 그리스도의 몸과 피는 그 규례 안에서 **실재(實在)로, 그러나 영적으로(really, but Spiritually)** 신자들의 믿음에 임한다. …"(웨스트민스터 신앙고백서 29:7)

"**문**: 성찬에 합당하게 참여하는 이들은 그 예식을 통해서 그리스도의 몸과 피를 어떻게 먹고 마시게 됩니까?

답: 그리스도의 몸과 피가 성찬의 떡과 포도주 안에, 함께, 또는 아래에 육체적으로나 물질적으로 임재하지는 않지만, 수찬자들에게 외적으로 느껴지는 것과 똑같은 정도로 **참되고도 실제적으로(truly and really)** 그들의 믿음에 **영적으로(spiritually)** 임재합니다. 그러므로 성찬 예식에 합당하게 참여하는 이들은 그 예식을 통해서 육체적으로나 물질적으로가 아니라 **영적인(spiritual)** 방식으로 그리스도의 몸과 피를 먹고 마시는 것입니다. 하지만 그들은 십자가에 못 박힌 그리스도와 그분의 죽음이 가져다 준 모든 은덕을 믿음으로 받고 자신들에게 적용하는 한에서는 **참되고도 실재적으로(truly and really)** 먹고 마시는 것입니다."(대교리 제170문답)

1. 구약성경과 신약성경이 장로 직분과 그 사역에 있어서 통일성과 연속성이 있다는 사실을 이전에 알고 있었습니까? 아니면 구약 이스라엘의 장로와 신약 교회의 장로 사이에 단절과 불연속성밖에 없다고 생각했습니까?

2. 하나님께서 요셉의 유언을 통해 하신 중요한 약속이 무엇입니까?

3. 이스라엘이 애굽에서 종살이할 때, 하나님께서는 가장 먼저 누구와 만나셨습니까? 그리고 가장 먼저 누구를 통해 이스라엘 백성들을 찾아오셨습니까?

4. 모세는 가장 먼저 누구와 만났습니까? 하나님께서는 누구를 통해 이스라엘 백성들을 찾아오셨습니까?

5. 모세 당대에 하나님께서 그 백성들을 찾아오신 이 과정은 새 언약 시대에 있을 일에 대한 그림자입니다. 이 각각의 요소들과 과정이 새 언약 시대로 어떻게 연결됩니까?

6. 한 걸음 더 오늘날 공예배, 특히 설교와 성례가 왜 그렇게 중요합니까? 그리고 장로들의 심방이 왜 그렇게 중요합니까? 목사와 (다스리는) 장로들이 이 일을 등한시할 때, 어떤 문제가 발생합니까?

장로들을 통해 찾아오시는 우리 하나님 3 : 엘리야와 야고보서의 실례

"너희 중에 병든 자가 있느냐 저는 교회의 장로들을 청할 것이요 그들은 주의 이름으로 기름을 바르며 위하여 기도할찌니라 14 믿음의 기도는 병든 자를 구원하리니 주께서 저를 일으키시리라 혹시 죄를 범하였을찌라도 사하심을 얻으리라 15 이러므로 너희 죄를 서로 고하며 병 낫기를 위하여 서로 기도하라 의인의 간구는 역사하는 힘이 많으니라 16 엘리야는 우리와 성정이 같은 사람이로되 저가 비 오지 않기를 간절히 기도한즉 삼년 육개월 동안 땅에 비가 아니오고 17 다시 기도한즉 하늘이 비를 주고 땅이 열매를 내었느니라 18 내 형제들아 너희 중에 미혹하여 진리를 떠난 자를 누가 돌아서게 하면 19 너희가 알 것은 죄인을 미혹한 길에서 돌아서게 하는 자가 그 영혼을 사망에서 구원하며 허다한 죄를 덮을 것이니라 20"(약 5:14∼20)

"길르앗에 우거하는 자 중에 디셉 사람 엘리야가 아합에게 고하되 나의 섬기는 이스라엘 하나님 여호와의 사심을 가리켜 맹세하노니 내 말이 없으면 수년 동안 우로가 있지 아니하리라 하니라"(왕상 17:1)

제9장
장로들을 통해 찾아오시는 우리 하나님 3 : 엘리야와 야고보서의 실례

| 수련회 날씨와 엘리야의 기도(?)

야고보서의 마지막 단락은 한국 교회 성도들에게 매우 인기 있는 성구 중 하나입니다. 특히 여름에 더욱 그렇습니다. 각 교회 성도들과 준비위원들은 수련회 기간에 비가 오지 않기를 간절히 기도합니다. 이때 자주 언급되는 것이 엘리야의 기도입니다.

> "엘리야는 우리와 성정이 같은 사람이로되 저가 비 오지 않기를 간절히 기도한즉 삼년 육개월 동안 땅에 비가 아니오고[17] 다시 기도한즉 하늘이 비를 주고 땅이 열매를 내었느니라[18]"(약 5:17~18)

수련회 날씨를 위한 기도를 비성경적이라 할 수는 없습니다. 우리는 안전과 환경을 위해서도 기도해야 합니다. 그러나 비가 오지 않는 것이 무조건 하나님의 뜻이라고 단정하여 기도해서는 안 됩니다. 가뭄으로 고생하는 어떤 이들에게는 비가 오지 않으면 큰일입니다. **무엇보다도 기도는 우리의 편의를 위한 수단이 아닙니다. 오직 하나님께만 소망을 두는 신앙고백이요 그분의 영광을 높이는 찬송입니다.**

이뿐 아니라 수련회 날씨와 엘리야의 기도 사이에는 또 다른 불연속성이 존재합니다. 그리스도인 대다수는 수련회 때 비가 오지 않기를 바랍니다. 그러나 엘리야 당대 이스라엘 백성들에게는 비가 오지 않는 것이 일종의 재앙이었습니다. 나아가 이는 하나님께서 그들에게 내리시는 심판이었습니다. 오히려 비가 오는 것이 그들에게 좋은 것이었습니다. 그러니 단순히 비가 오느냐의 여부에만 초점을 맞추어 엘리야의 기도를 그 근거로 든다면, 이는 성경 본문의 내용에도 맞지 않을 뿐 아니라 기록 목적에도 어긋납니다.

| 문맥 : 장로의 사역과 엘리야의 기도

오히려 야고보가 이 서신에서 엘리야의 기도를 언급한 목적은 다른 데 있습니다. 야고보는 장로들의 사역을 설명합니다. 병든 자는 장로들에게 심방을 요청해야 합니다. 혹 그가 범죄 했다면 장로들이 방문하여 그를 위해 기도할 때 사하심을 얻을 것입니다. 장로들의 기도에 왜 이런 큰 능력이 나타납니까? 야고보는 엘리야의 기도를 언급함으로 이를 설명합니다. 즉, 그가 엘리야의 기도를 언급한 이유는 날씨 때문이 아니라 **장로들의 심방과 기도 사역의 중요성을 교훈하기 위해서입니다.**

| 엘리야의 기도와 방문

그런데 엘리야의 기도가 장로들의 사역과 어떤 관련이 있기에 야고보는 이 둘을 서로 연결한 것일까요?

엘리야는 두 번 간절히 기도합니다.[1] 그 결과, 하나님께서 그의 기도를 들으셨고, 큰 능력이 나타납니다. 먼저 엘리야는 하늘이 닫혀 비가 오지 않기를 간절히 기도합니다. 사실 구약성경에는 엘리야가 비가 오지 않게 해달라고 기도한 내용이 나오지 않습니다. 그 대신 이렇게만 기록되어 있습니다.

"길르앗에 우거하는 자 중에 디셉 사람 엘리야가 아합에게 고하되 나의 섬기는 이스라엘 하나님 여호와의 사심을 가리켜 맹세하노니 내 말이 없으면 수년 동안 우로가 있지 아니하리라 하니라"(왕상 17:1)

사실 하늘에서 비만 내리지 않은 것이 아닙니다. 이슬도 사라집니다. 그러나 이보다 더 큰 재앙이 있습니다. 하나님의 말씀이 사라진 것입니다. 엘리야는 선지자입니다. 선지자의 공적 선포는 하나님의 계시(말씀)입니다. 엘리야는 다음과 같이 선포합니다.

"내 말이 없으면 수년 동안 우로가 있지 아니하리라 하니라"

---

1) 그가 평생 두 번만 기도했다는 뜻이 아닙니다. 그는 갈멜 산에서 바알 선지자들과 대결할 때도 간절히 기도했습니다. 엘리야뿐 아니라 선지자들은 모두 기도의 사람들입니다. 장로 역시 그러합니다. (가르치는 장로인 목사를 포함한) 장로들의 설교와 심방은 하나님의 능력과 구속사의 진전에 대한 간절한 기도와 연결되어 있습니다.

이스라엘에 임한 이 무서운 **재앙이 선지자의 침묵과 함께 시작됩니다**. 언약 공동체 안에서 하나님의 말씀이 사라지자, 비도 이슬도 더 이상 내리지 않습니다.

그러면 엘리야가 말을 하면 되지 않겠습니까? 그가 말하기 싫어하면 붙잡아 억지로 말하게 하면 되지 않겠습니까? 그럴 수 없었습니다. 이 말씀을 선포한 후, 엘리야가 **잠적**해버렸기 때문입니다. 그리고 그다음에는 이스라엘을 떠나exodus from Israel 이방 시돈 땅으로 떠나버렸기 때문입니다. (이는 출애굽exodus from Egypt의 역전 현상입니다. 아합의 치세에 애굽이 되어버린 이스라엘이 오히려 심판을 받고 있습니다.)²

"여호와의 말씀이 엘리야에게 임하여 가라사대₂ 너는 여기서 떠나 동으로 가서 요단 앞 그릿 시냇가에 숨고₃ … 여호와의 말씀이 엘리야에게 임하여 가라사대₈ 너는 일어나 시돈에 속한 사르밧으로 가서 거기 유하라 내가 그곳 과부에게 명하여 너를 공궤하게 하였느니라 ₉"(왕상 17:2~3,8~9)

왜 이렇게 되었습니까? 원인은 구약 교회(이스라엘)의 범죄 때문입니다. 가장 악한 왕 아합 치세에 북 이스라엘 왕국은 여로보암이 만든 금송아지 우상(2계명 위반)뿐 아니라 이방 종교인 바알과 아세라까지 수입하여 숭배합니다(1계명 위반). 하나님의 말씀을 맡은 선지자가 이스라엘을 떠나자 그들을 돌이킬 방법이 없습니다. 하나님의 말씀이 없는 곳에는 은혜도, 회복도 없습니다. 그 결과, 그들에게 재앙

---

2) 마 11:20~22; 15:21~28; 막 3:8; 7:24~30; 눅 4:24~26; 6:17; 10:13~14; 계 11:8을 함께 읽어보십시오.

과 심판이 떠나지 않습니다. 이스라엘에 언제 비가 다시 옵니까? 하나님의 말씀을 맡은 선지자가 이스라엘로 돌아오자, 얼마 후에 비가 내립니다.

> "많은 날을 지내고 제 삼년에 여호와의 말씀이 엘리야에게 임하여
> 가라사대 너는 가서 아합에게 보이라 내가 비를 지면에 내리리라₁
> … 조금 후에 구름과 바람이 일어나서 하늘이 캄캄하여지며 큰 비가
> 내리는지라 아합이 마차를 타고 이스르엘로 가니₄₅"(왕상 18:1, 45)

선지자가 이스라엘로 돌아온 시점과 비가 내린 시점 사이에 무슨 일이 벌어집니까? 갈멜 산에서 엘리야와 바알 선지자들이 대결합니다. 엘리야의 기도로 하늘에서 불이 떨어집니다. 이를 목격한 이스라엘 백성들이 여호와 하나님께 신앙을 고백합니다. 엘리야는 이들을 시켜 바알 선지자들을 죽입니다. 엘리야는 이스라엘로 돌아오기만 한 것이 아닙니다. 이스라엘을 죄로부터 돌이킵니다. 그다음에야 하늘에서 비가 내리기 시작합니다.

> "모든 백성이 보고 엎드려 말하되 여호와 그는 하나님이시로다 여
> 호와 그는 하나님이시로다³ 하니₃₉ 엘리야가 저희에게 이르되 바알
> 의 선지자를 잡되 하나도 도망하지 못하게 하라 하매 곧 잡은지라

---

3) 갈멜 산에 모인 이스라엘 백성들의 신앙고백은 선지자 "엘리야(אֵלִיָּהוּ)"의 이름과 밀접한 관련이 있습니다. 이 이름의 뜻은 '나의 하나님은 여호와(My God is Yahweh)'입니다. 당대 바알과 아세라 종교에 깊이 빠져버린 이스라엘이 회복해야 할 신앙고백을 한 마디로 요약한 것이 바로 이 선지자의 이름입니다. 따라서 '엘리야'라는 이름은 그의 사역 전체의 압축파일입니다. 이런 점에서 볼 때, 이 이름은 당대에 주어진 계시인 동시에 배교한 교회와 지도자들을 도발하는 전투적인 이름입니다.

엘리야가 저희를 기손 시내로 내려다가 거기서 죽이니라40 엘리야가
아합에게 이르되 올라가서 먹고 마시소서 큰 비의 소리가 있나이다
41"(왕상 18:39~41)

이 일련의 사건들을 통해 하나님께서 주시는 교훈이 무엇입니까?
이를 다음과 같이 요약할 수 있습니다.

① 교회(이스라엘)가 범죄 할 때, 하나님께서 심판하신다.
② 교회가 말씀을 거절할 때, 하나님께서는 그분의 말씀을 거두어버
   리신다(선지자의 잠적).
③ 하나님의 말씀(선지자)이 사라지자, 하나님의 은혜가 교회를 떠나
   심판이 임한다.
④ 하나님의 말씀(선지자)이 돌아오자, 하나님의 은혜가 교회에 임해
   심판이 사라진다.
⑤ 엘리야는 **떠남**exodus과 **방문**visitation을 통해, 죄 아래 신음하는
   교회를 심판하고 회복한다.
⑥ 엘리야는 **기도**prayer를 통해, 죄 아래 신음하는 교회를 심판하고
   회복한다.

이상의 모든 내용은 **하나님께서 엘리야와 함께 이스라엘을 떠나시
고, 다시 엘리야와 함께 이스라엘로 찾아오신다는 하나의 과녁**을 향
합니다.

| 장로의 심방과 기도

성령의 감동하심을 받은 야고보는 이 사건의 한 부분 – 이를테면 날씨 – 이 아니라 전체를 가져와 신약 교회에게로 적용합니다.[4] 선지자 엘리야의 사역을 장로들의 사역으로 연결합니다. 즉, 선지자의 방문visitation을 장로들의 심방pastoral visitation으로, 선지자의 기도prayer를 장로들의 기도pastoral prayer로 연결합니다.

> "너희 중에 병든 자가 있느냐 저는 교회의 장로들을 청할 것이요 그들은 주의 이름으로 기름을 바르며 위하여 기도할찌니라[14] 믿음의 기도는 병든 자를 구원하리니 주께서 저를 일으키시리라 혹시 죄를 범하였을찌라도 사하심을 얻으리라[15] 이러므로 너희 죄를 서로 고하며 병 낫기를 위하여 서로 기도하라 의인의 간구는 역사하는 힘이 많으니라[16] 엘리야는 우리와 성정이 같은 사람이로되 저가 비 오지 않기를 간절히 기도한즉 삼년 육개월 동안 땅에 비가 아니오고[17] 다시 기도한즉 하늘이 비를 주고 땅이 열매를 내었느니라[18] 내 형제들아 너희 중에 미혹하여 진리를 떠난 자를 누가 돌아서게 하면[19] 너희가 알 것은 죄인을 미혹한 길에서 돌아서게 하는 자가 그 영혼을 사망에서 구원하며 허다한 죄를 덮을 것이니라[20]"(약 5:14~20)

죄로 인해 영적으로 병들어 있던 이스라엘(구약 교회)과 마찬가지로, 신약 교회 안에도 죄로 인해 병든 자들이 있습니다. 비가 오는 것을 넘어 그 원인(바알 숭배)이 제거되어야 하는 것과 마찬가지로, 신약 교

---

4) 현대의 많은 신학자들은 신약의 (인간) 저자들이 자신이 주장하려는 목적을 위해 구약 성경의 원래 문맥과 의미에서 이탈하여 사용했다고 주장합니다. 그들의 이런 주장은 성경의 통일성(unity/consistency)과 무오성(inerrancy)을 심각한 수준으로 약화합니다.

회 안의 병든 사람에게도 질병 치유를 넘어 죄로부터의 회복이 필요합니다. 이스라엘에게 선지자가 필요한 것과 마찬가지로, 이 병든/범죄한 사람에게도 장로들이 필요합니다. 선지자 엘리야가 이스라엘로 돌아와 간절히 기도한 것과 마찬가지로, 장로들은 병든/범죄한 사람을 심방하여 간절히 기도해야 합니다. **엘리야의 방문과 기도**visitation and prayer**가 이스라엘을 회복한 것과 마찬가지로, 장로들의 목회 심방과 기도**pastoral visitation and prayer**로 하나님의 구원의 능력이 나타납니다.** 교회를 죄로부터 회복합니다. 범죄한 사람을 사망에서 구원합니다. 사죄의 은혜가 발생합니다. 이제까지 설명한 내용을 표로 나타내면 다음과 같습니다.

표 3. 선지자 엘리야에서 장로들에게로

	구약시대 이스라엘		신약시대 교회
문제	선지자(말씀)를 거절 죄로 인해 병들어 있음	문제	(암시적으로) 말씀을 거절 죄로 인해 병들어 있음
심판	선지자(말씀)가 떠남 비와 이슬이 내리지 않음	심판	장로들의 봉사로부터 멀어짐 질병으로 대변되는 심판
해결	선지자(말씀)가 이스라엘을 방문visitation하여 간절히 기도prayer	해결	장로들이 병든 자를 심방pastoral visitation하여 간절히 기도pastoral prayer
결과	신앙고백 죄로부터의 회복 비가 내림	결과	죄를 고백 질병으로 대변되는 죄로부터의 회복 하나님의 은혜를 누림

| 장로들을 통해 찾아오시는 수 장로(arch-presbyter) 예수 그리스도

로마 천주교에서는 죄인이 사제priest를 찾아가 고해성사를 합니다. 그러면 사제가 죄인을 위해 기도하고 죄 사함을 선포합니다. 그러나 성경은 장로들이 성도들을 찾아가도록 가르칩니다. 그들을 위해 기도하도록 가르칩니다. 성도들도 적극적으로 장로들의 심방과 기도를 요청하고, 그들의 목회 지도와 감독을 받아야 합니다. 장로들이 심방하며 기도할 때, 죄 사함의 은혜가 임합니다. 선지자 엘리야와 마찬가지로, 목사(가르치는 장로)는 말씀(설교와 교육)으로 그들을 죄로부터 회복합니다. (다스리는) 장로들은 심방과 기도로 그들을 죄로부터 회복합니다. **하나님께서는 이렇게 장로들의 말씀, 즉 설교와 가르침** preaching and teaching**을 통해, 그리고 심방**pastoral visitation**과 기도**prayer **를 통해 우리를 찾아오십니다. 죄 사함의 은혜로 찾아오십니다.**

그러나 오늘날 한국 교회에서 장로와 회중은 일종의 상하관계처럼 계급화된 지 오래입니다. 장로 투표에서 떨어졌다는 이유로 그동안 몸담아온 교회를 떠난다는 소식도 심심찮게 들려옵니다. 심방과 기도보다는 행정을 자신의 주된 업무로 생각하는 분들도 있습니다. 교회가 병들면 장로들을 통해 치유할 수 있으나, 장로들이 영적으로 병들면 누가 치료해주겠습니까? 하나님의 새 이스라엘 안에 참 선지자 대신 바알과 아세라 선지자들이 가득하면 어떻게, 그리고 무엇으로 회복하겠습니까?

여기서 우리는 **마지막 대심방**the ultimate and great visitation을 앞두고 있다는 사실을 기억해야 합니다. 이 심방은 역사의 끝에 주어질 것입니다. **장차 하늘에 계신 수 장로**arch-presbyter **예수 그리스도**[5]**께서 최종적인 심방을 하러 내려오실 것입니다.** 그분은 미련하고 게으른 장로들을 심판하시고, 충성을 다한 장로들에게 "시들지 아니하는 영광의 면류관"을 씌워주실 것입니다.

---

5) 예수 그리스도께서 수 장로이신 것에 대해서는 "제3장. 장로의 종류와 높낮이"를 참고하십시오.

"너희 중 장로들에게 권하노니 나는 함께 장로 된 자요 그리스도의 고난의 증인이요 나타날 영광에 참예할 자로라₁ 너희 중에 있는 하나님의 양 무리를 치되 부득이함으로 하지 말고 오직 하나님의 뜻을 좇아 자원함으로 하며 더러운 이를 위하여 하지 말고 오직 즐거운 뜻으로 하며₂ 맡기운 자들에게 주장하는 자세를 하지 말고 오직 양 무리의 본이 되라₃ 그리하면 목자장이 나타나실 때에 시들지 아니하는 영광의 면류관을 얻으리라₄"(벧전 5:1~4)

그분은 지금도 목사(가르치는 장로)의 말씀 사역을 통해 우리를 찾아오십니다. 그분은 지금도 (다스리는) 장로들의 심방과 기도를 통해 우리를 찾아오십니다. 그분은 지금도 하나님 우편에서 우리를 위해 간절히 기도하십니다(롬 8:34). **그분이야말로 말씀과 기도와 심방을 쉬지 아니하시는 신실한 수 장로**arch-presbyter**이십니다.**

함께 생각할 문제

1. 엘리야의 기도를 장로들의 사역과 연결하여 생각해왔습니까? 아니면 전혀 다르게 생각해왔습니까?

2. 이스라엘에 비와 이슬이 내리지 않는 것보다 더 큰 재앙이 무엇입니까?

3. 엘리야가 이스라엘을 떠난 사건이 갖는 의미가 무엇입니까?

4. 엘리야가 이스라엘로 돌아온 사건이 갖는 의미가 무엇입니까?

5. 엘리야의 말씀과 방문과 기도가 신약시대 장로들의 말씀과 심방과 기도 사역으로 어떻게 연결됩니까?

6. 한 걸음 더 장로의 말씀과 심방과 기도 사역을 통해 하나님께서 찾아오심을 누리고 있습니까? 그리고 죄로부터 돌이키기 위해 회개하는 마음을 갖고 있습니까? 장로의 성경적인 봉사를 회복하기 위해 교회와 장로들과 성도들이 각각 어떤 노력을 해야겠습니까?

제10장

장로들에 대한 교회와 성도의 자세

Our God, Visiting Us through Elders

"잘 다스리는 장로들을 배나 존경할 자로 알되 말씀과 가르침에 수고하는 이들을 더할 것이니라 17 성경에 일렀으되 곡식을 밟아 떠는 소의 입에 망을 씌우지 말라 하였고 또 일군이 그 삯을 받는 것이 마땅하다 하였느니라 18 장로에 대한 송사는 두 세 증인이 없으면 받지 말 것이요 19 범죄한 자들을 모든 사람 앞에 꾸짖어 나머지 사람으로 두려워하게 하라 20"(딤전 5:17~20)

"너희를 인도하는 자들에게 순종하고 복종하라 저희는 너희 영혼을 위하여 경성하기를 자기가 회계할 자인것 같이 하느니라 저희로 하여금 즐거움으로 이것을 하게 하고 근심으로 하게 말라 그렇지 않으면 너희에게 유익이 없느니라 17 우리를 위하여 기도하라 우리가 모든 일에 선하게 행하려 하므로 우리에게 선한 양심이 있는 줄을 확신하노니 18 내가 더 속히 너희에게 돌아가기를 위하여 너희 기도함을 더욱 원하노라 19"(히 13:17~19)

"젊은 자들아 이와 같이 장로들에게 순복하고 다 서로 겸손으로 허리를 동이라 하나님이 교만한 자를 대적하시되 겸손한 자들에게는 은혜를 주시느니라 5 그러므로 하나님의 능하신 손 아래서 겸손하라 때가 되면 너희를 높이시리라 6"(벧전 5:5~6)

제10장

장로들에 대한 교회와 성도의 자세

오늘날 인터넷 게시판이나 사회통신망 서비스SNS, Social Network Service는 교회 직분자들에 대한 비난으로 넘쳐납니다. 오프라인에서도 교회 직분자들에 대한 비난이나 소문이 음성적으로 퍼지는 경우가 허다합니다. 심지어 직분자들 간에도 서로를 비난하는 일이 자주 발생합니다.

이러한 현상의 1차적인 책임은 직분자들에게 있습니다. 직분자들이 먼저 성경에 비추어 자신과 교회를 살펴야 합니다. 잘못된 관행이나 죄가 있다면 회개해야 합니다.

그러나 성도들이라 해서 면책특권을 가지고 있지는 않습니다. 직분자를 비난하기는 쉬우나, 진리와 사랑의 범주를 벗어난 비난은 결코 작은 범죄가 아닙니다. 그 비난을 접하는 다른 이들까지도 은혜로부터 멀어지게 만드는 큰 죄입니다. 만일 직분자에게서 어떤 잘못을 발견한다면, 개인적으로 책선하고 당회에 질문해야 합니다. 혹 자신이 소문이나 지레짐작으로 잘못 판단하고 있는 것은 아닌지 사실관계를 확인해야 합니다. 직분자를 공경하는 마음이 없다면 회개해야 합니다. '없는 곳에서는 나라님(임금)에 대해서도 욕할 수 있다'는 세속적인 가치관을 교회 안으로 가져와서는 안 됩니다. 이는 십계명 중 다섯 번째 계명을 범하는 죄입니다.[1]

그렇다면 장로들에 대하여 성도는 어떤 자세를 취해야 합니까?

| 목사와 장로를 존경하라!

다른 무엇보다도 성도들은 **장로들을 존경**해야 합니다. 사도 바울은 젊은이들에게, 교회 안의 나이 든 어르신들을 마치 아버지와 어머니를 대하듯 공경하라고 명령합니다.

"늙은이[2]를 꾸짖지 말고 권하되 아비에게 하듯하며 젊은이를 형제에게 하듯하고, 늙은 여자[3]를 어미에게 하듯하며 젊은 여자를 일절 깨끗함으로 자매에게 하듯하라"(딤전 5:1~2)

---

1) 다섯 번째 계명은 권위에 대한 계명입니다. 이는 육신의 부모가 가진 권위뿐 아니라 모든 권위 – 심지어 자신보다 아래에 있는 자들의 권위를 포함한 – 에 대한 공경과 순복을 포함합니다(참고. 대교리 제123~133문답; 소교리 제63~66문답). 모든 권세가 – 심지어 악한 자들이 가지고 있는 권세까지도 – 하나님께로부터 왔기 때문입니다(롬 13:1).

2) 여기서 "늙은이"는 17절의 "장로"와 같은 단어인 "πρεσβύτερος(프레스뷔테로스)"의 남성, 단수, 여격입니다. 그러나 문맥 속에서의 뜻은 '장로'라는 직분자를 가리키기보다는 '연배가 지긋한 어르신'을 가리키므로 한글개역성경과 한글개역개정성경의 번역이 합당합니다.

3) 여기서 "늙은 여자"는 각주 2)에서 설명한 "늙은이"의 여성, 복수, 대격입니다. 즉, 문맥 속에서의 뜻은 '여성 장로'가 아니라 '연배가 지긋한 여자분'을 가리키므로 한글개역성경과 한글개역개정성경의 번역이 합당합니다.

그런데 17절에서, 잘 다스리는 장로들이 두 배의 존경을 받아야 한다고 말씀합니다. 그리고 말씀과 가르침에 수고하는 장로들, 즉 목사는 가장 큰 존경을 받아야 한다고 가르칩니다.

"잘 다스리는 장로들을 배나 존경할 자로 알되 말씀과 가르침에 수고하는 이들을 더할[4] 것이니라"(딤전 5:17)

성도들이 (가르치는 장로인) 목사와 (다스리는) 장로들을 존경해야 한다는 이 말씀은, 1차적으로는 사도 바울이 디모데에게 쓴 편지의 내용이지만, 궁극적으로는 성령님께서 교회에게 하시는 말씀입니다. 목사와 장로들은 성도들에게 존경을 가르치고 요구해야 하며, 성도들은 그들을 존경해야 합니다. 오늘날 어떤 목사들은 성경의 원리와는 무관한 과도한 요구를 성도들에게 합니다. 어떤 이들은 이런 방법으로 자신의 세속적 탐욕을 채웁니다. 반대로 다른 이들은 '중이 제 머리 못 깎는 법'이라는 세속의 격언을 가져와 목사와 장로를 존경하라는 이 복음을 가르치려 하지 않습니다. 그러나 목사는 모든 성경 말씀을 가감 없이 전해야 합니다. 모든 성경 말씀이 예수 그리스도를 증거하며, 그분의 복음이기 때문입니다(눅 24:26~27,44~47; 요 5:39; 벧전 1:10~12). 목사는 자신의 탐욕을 채우기 위해서가 아니라 교회를 위해 이것도 전하고 가르쳐야 합니다.

바울은 교회가 목사와 장로를 존경해야 하는 이유를 구약의 율법(신 25:4)과 누가복음 10:7을 들어 설명합니다.

---

4) 여기서 "더할"로 번역된 헬라어 단어 "μάλιστα(말리스타)"는 '매우(very)'의 최상급 표현으로 '특(별)히(specially/particularly)', '가장(above all)'이라는 뜻입니다.

"성경에 일렀으되 곡식을 밟아 떠는(필자 주: 타작하는) 소의 입에 망을 씌우지 말라 하였고 또 일군이 그 삯을 받는 것이 마땅하다 하였느니라"(딤전 5:18; 참고. 신 25:4; 눅 10:7)

사실 이 구절 서두에는 "왜냐하면[γάρ(가르)]"이라는 단어가 있습니다. 즉, 이 구절은 목사와 장로를 존경해야 하는 이유에 대한 설명입니다. 소는 부지런히 곡식을 타작합니다. 일은 소가 하지만, 정작 타작한 곡식은 다른 사람의 소유가 됩니다. 교회의 목사와 장로는 타작하는 소와 같습니다.[5] 그들은 열심히 봉사하여 하나님의 알곡(씨)을 생산합니다. 설교와 심방과 기도를 통해서 말입니다. 그렇게 해서 탄생한 알곡, 즉, 그리스도인은 목사와 장로의 소유가 아니라 하나님의 소유가 됩니다. 그래서 목사와 장로는 자기 세력, 자기 계파를 만들 목적으로 봉사해서는 안 됩니다.

| 존경의 표인 생활비

그들의 이러한 수고에 대해 교회와 성도들은 어떻게 해야 합니까? 그들의 입에 망을 씌우면 안 됩니다(신 25:4). 일꾼에게 삯을 주는 것이 마땅합니다(눅 10:7). 교회가 목사를 청빙할 때, 생활비에 대하여 구체적으로 명시하고 서약하는 이유가 바로 여기에 있습니다. 목사

---

5) N. H. Gootjes(고재수), "소와 장로", 『그리스도를 고백함』(서울: 성약, 2010), 331~336을 참고하십시오. 이 책의 저자는 교회의 장로가 신명기 율법의 소와 같은 기능을 한다고 말합니다. 그러나 필자가 보기에, 저자는 사도 바울이 이 본문에서 신 25:4를 왜 가져왔는지에 대한 주경적 근거를 제시하지는 않습니다. 겨우 13줄 정도의 짧은 글이지만, 이에 대한 통찰로는 J. B. Jordan, Through New Eyes: Developing a Biblical View of the World (Brentwood, TN: Wolgemuth & Hyatt, 1988), 98을 참고하십시오.

의 생활비 책정은 세속 정부나 기독교 시민단체에게 주어진 기능이 아닙니다. 그것은 단순히 노동의 대가 또는 인건비 개념으로 등치할 수 있는 것이 아니기 때문입니다. 바울은 자신이 사도로서 하고 있는 사역을 같은 성경 구절인 신 25:4에 근거하여 설명합니다.

"모세 율법에 곡식을 밟아 떠는 소에게 망을 씌우지 말라 기록하였으니 하나님께서 어찌 소들을 위하여 염려하심이냐9 전혀 우리를 위하여 말씀하심이 아니냐 과연 우리를 위하여 기록된 것이니 밭 가는 자는 소망을 가지고 갈며 곡식 떠는 자는 함께 얻을 소망을 가지고 떠는 것이라10 **우리가 너희에게 신령한 것을 뿌렸은즉 너희 육신의 것을 거두기로 과하다 하겠느냐**11"(고전 9:9~11; 참고. 신 25:4)

목사는 교회로부터 받는 생활비를 자신의 이기적인 탐욕을 추구하기 위한 수단으로 삼아서는 안 됩니다. 동시에 교회는 생명의 씨(알곡)를 생산하는 일을 하는 목사의 봉사를 세속의 노동과 같은 것으로 계산해서는 안 됩니다. 말씀 사역자가 뿌리는 신령한 것을 육적인 것(생활비)으로 등치할 수 없기 때문입니다. **생활비는 목사에 대한 교회의 진심 어린 존경의 표이자 증거입니다.**

| 젊은 장로를 업신여기지 말라!

특히 젊은 목사와 부목사 역시 존경받아야 할 (가르치는) 장로라는 사실을 기억해야 합니다. 또한 나이가 젊다는 이유로, 또는 이제 막 (다스리는) 장로가 되었다는 이유로 성도들이 그의 권위를 업신여기면 안 됩니다. 신앙의 오랜 연륜을 경홀히 여겨서도 안 되지만, 경험이 많거나 연배가 높으면 마치 신앙이 더 우위에 있는 것처럼 착각해서도 안 됩니다. '우리 목사님은 아직 젊어서 잘 몰라!'라는 말이 교회 안에서 나돌거나 허용되어서도 안 됩니다. 사도 바울이 젊은 목사인 디모데에게 전한 하나님의 말씀을 기억하십시오.

"누구든지 네 연소함을 업신여기지 못하게 하고 오직 말과 행실과 사랑과 믿음과 정절에 대하여 믿는 자에게 본이 되어₁₂ 내가 이를 때까지 읽는 것[τῇ ἀναγνώσει(테 아나그노쎄이)]⁶과 권하는 것과 가르치는 것에 착념하라₁₃"(딤전 4:12~13)

젊은 목사와 장로들은 교회의 존경을 받기 위해 인기몰이를 해서는 안 됩니다. "읽는 것"과 "권하는 것"과 "가르치는 것", 즉 말씀 사역에 전념하고 경건의 본을 보일 때, 성도들은 이들을 진심으로 존경하게 될 것입니다.

| 장로에 대한 경솔한 송사를 그치라!

이뿐 아닙니다. 교회가 장로들을 존경한다면, **확실한 증거 없이 그들을 함부로 송사하는 일을 삼가야 합니다.**

"장로에 대한 송사는 두 세 증인이 없으면 받지 말 것이요₁₉ 범죄

6) 헬라어 명사 "ἀνάγνωσις(아나그노씨스)"는 '(공적 석상에서의 큰 소리로 하는) 봉독(reading aloud in public)'을 의미합니다. 즉, 공예배 중의 성경 봉독을 의미합니다. 계 1:3에는 이 단어의 동사인 "ἀναγινώσκω(아나기노스코)"가 사용되었습니다. 성경 봉독은 공예배의 중요한 요소 중 하나입니다. 바울은 목사 디모데에게 공예배 중의 성경 봉독을 명합니다.

한 자들을 모든 사람 앞에 꾸짖어 나머지 사람으로 두려워하게 하라
20"(딤전 5:19~20)

　분명한 증거로 범죄 사실이 밝혀진다면, 성경적인 권징이 시행되어야 합니다. 그래서 교회 안에 있는 죄의 쓴 뿌리를 뽑아버려야 합니다. 그러나 소문, 짐작, 상상, 엿듣기, 모함, 지어낸 말, 과장 등으로 당회의 권위가 손상되어서는 안 됩니다. 당회는 그렇게 하는 자들을 엄중히 꾸짖어야 합니다. (가르치는 장로인) 목사와 (다스리는) 장로에 대한 고소와 고발 사건은 이제 한국 교회에게는 너무나도 자주 발생하는, 그래서 익숙한 광경이 되어버렸습니다. 경솔한 고소와 고발이 세속 법정에, 그리고 교회의 법정(당회와 노회)에 난무하고 있습니다. 교회와 성도들은 이 말씀 앞에 두려워 떨며 겸손히 엎드려야 합니다.

| 순복과 기도로 장로들이 즐겁게 봉사하게 하라!
히브리서의 핵심 주제는 '새 언약의 탁월한 대제사장 예수 그리스도'입니다. 그런데 히브리서는 기독론으로 끝나지 않고 교회론(성령론)적 적용으로 나아갑니다. 그 결론부에서 교회의 직분자들에 대한 성도의 자세를 다룹니다.

　"너희를 인도하는 자들에게 순종하고 복종하라 저희는 너희 영혼을 위하여 경성하기를 자기가 회계할 자인것 같이 하느니라 저희로 하여금 즐거움으로 이것을 하게 하고 근심으로 하게 말라 그렇지 않으면 너희에게 유익이 없느니라17 우리를 위하여 기도하라 우리가 모

든 일에 선하게 행하려 하므로 우리에게 선한 양심이 있는 줄을 확신하노니₁₈ 내가 더 속히 너희에게 돌아가기를 위하여 너희 기도함을 더욱 원하노라₁₉"(히 13:17~19)

하늘에 계신 대제사장께서는 이 땅 위에 세우신 직분자들을 통해 일하십니다. 그래서 성도들은 직분자들에게 순복해야 합니다. 장로들이 성도들을 위해 설교와 심방과 기도를 해야 한다면, 성도들 역시 그들을 위해 기도해야 합니다. **성도들의 순복과 기도는 장로들로 하여금 즐거움으로 봉사하게 하는 가장 큰 후원입니다.** 만일 성도들이 순복과 기도를 등한시한다면, 목사와 장로들은 사역을 할 때마다 근심하며 망설이게 될 것입니다. 그러면 하나님의 구속 사역이 지장을 받습니다.

(다스리는) 장로들은 (가르치는 장로인) 목사의 하수인이나 부하가 아닙니다. 마찬가지로, 목사 역시 장로들의 입맛에 따라 움직이는 마리오네트가 아닙니다. 그가 근심 없이 즐거움으로 봉사하도록 순복하십시오. 목사와 장로들은 성도들의 이권에 따라 움직이는 권력자들 또는 대의원들이 아닙니다. 그들이 근심 없이 즐거움으로 말씀과 심방과 기도에 전념하도록 순복하십시오. 그들이 성경적으로 교회를 건설하도록 그들을 위해 기도하십시오. 후원은 외국의 선교사들, 유학생들, 개척교회 목사들에게만 필요한 것이 아닙니다. **목사와 장로는 온 교회의 강력한 후원을 필요로 합니다. 진심 어린 존경에서 우러나온 순복과 기도입니다.**

| 겸손하라!

초대 교회의 직분자들 중에는 빌레몬의 노예 출신인 오네시모가 있습니다. 한때 교회의 최고 대적자이자 박해자였던 바울도 있습니다. 혼혈인 디모데도 있습니다. 이방인 출신 디도도 있습니다. 사도 중 절반 이상이 어부 출신(참고. 요 21:2)이고, 모든 사람이 싫어하던 세리 출신도 있습니다. 사도들 모두는 예수님께서 잡히시던 날 밤 그분을 버리고 도망한 배신자들입니다. 심지어 예수님을 세 번이나 부인한 베드로가 사도단의 대표입니다. **하나님께서는 이렇게 못난 자들을 직분자로 종종 세우십니다.** 이를 통해 누구도 그리스도 외에 자신을 자랑하거나 공로를 주장하지 못하게 만드십니다.

> "그러나 하나님께서 세상의 미련한 것들을 택하사 지혜 있는 자들을 부끄럽게 하려 하시고 세상의 약한 것들을 택하사 강한 것들을 부끄럽게 하려 하시며27 하나님께서 세상의 천한 것들과 멸시 받는 것들과 없는 것들을 택하사 있는 것들을 폐하려 하시나니28 이는 아무 육체라도 하나님 앞에서 자랑하지 못하게 하려 하심이라29"(고전 1:27~29)

마찬가지로, 오늘날의 교회 안에도 직분자들보다 훨씬 학식 있고, 능력 있고, 부유한 성도들이 얼마든지 있습니다. 이들이 목사와 장로들을 존경하고 그들에게 순복하기 위해 꼭 필요한 품성이 있습니다. 그것은 바로 겸손입니다.

> "젊은 자들아 이와 같이 장로들에게 순복하고 다 서로 **겸손으로** 허리를 동이라 하나님이 교만한 자를 대적하시되 **겸손한** 자들에게는

은혜를 주시느니라5 그러므로 하나님의 능하신 손 아래서 **겸손**하라 때가 되면 너희를 높이시리라6"(벧전 5:5~6)

여러분! **겸손하십시오. 하나님께서 때가 되면 여러분을 높여주실 것입니다.**

함께 생각할 문제

1. 목사와 장로들에 대해 비난한 적이 있습니까? 이것이 성경적인 기준 위에서 행해졌습니까? 진리와 사랑 위에서 교회를 건설하는 것으로 이어졌습니까?

2. 신 25:4와 눅 10:7이 어떻게 목사와 장로에 대한 존경으로 연결되는지 설명해보십시오.

3. 교회가 목사에게 책정한 생활비는 세상의 회사가 직원들에게 지급하는 인건비(시급, 주급, 월급, 연봉 등)와 어떤 차이가 있습니까? 그리고 이것이 존경과 어떤 관련이 있습니까?

4. 목사와 장로들을 위해 기도하고 있습니까? 그들의 지도와 감독에 순복하는 자세를 갖고 있습니까? 그들을 위해 얼마나 후원하고 있습니까?

5. 목사와 장로들에 대한 성도의 자세 중 겸손이 왜 중요합니까?

6. 한 걸음 더 목사가 전하는 설교에 얼마나 귀를 기울이고 있습니까? 장로의 심방과 교정을 얼마나 잘 받아들이고 있습니까? 이것 역시 그들로 하여금 근심 없이 즐거움으로 일하게 하는 강력한 후원입니다. 자신이 고쳐야 할 점이 무엇인지 서로 말해봅시다.

부록 | 성구색인

Our God, Visiting Us through Elders

부록 1
심방 질문과 점검

장로들의 회(會)가 해야 할 최우선 사역은 예배 관장입니다. 예배 속에서 교회의 표지, 즉 말씀(성경 봉독과 설교)과 성례와 권징이 뚜렷이 나타납니다. 예배가 있음으로 흉악한 이리로부터 양들을 보호하는 사역이 가능합니다(행 20:28~32). 그래서 장로들은 예배를 위해 주중에 부지런히 일합니다. 예배를 준비하기 위해, 그리고 예배의 열매를 확인하기 위해 부지런히 일합니다.

"… 다스리는 자는 부지런함으로 …"(롬 12:8)

장로들의 부지런함이 나타나는 대표적인 현장이 바로 심방입니다. 장로들의 심방은 성도들의 예배 준비이자 예배 후 관리이기도 합니다. 성도들은 장로들의 심방이라는 관문을 통과하여 주님의 식탁에 앉습니다(예배 준비). 동시에 설교를 경청한 결과로 변화된 삶을 장로들에게 알립니다(예배 후 관리). 따라서 장로들이 심방을 통해 확인해야 할 핵심 사안은 성도들의 설교 이해와 적용입니다.

성도들은 설교를 통해 순전한 교리를 듣습니다(대교리 제 159문답[1]).

---

1) "문: 그렇게 부름을 받은 이들은 하나님의 말씀을 어떻게 설교해야 합니까?
   답: 말씀의 사역에 수고하도록 부름 받은 이들은 올바른 교리를 설교해야 합니다. …"
   (대교리 제 159문답)

복음을 바르게 이해하고 실천합니다. 자신을 하나님께 "거룩한 산 제사"로 "분별 있게"[2] 드립니다(롬 12:1~2). 성도들이 설교를 적용하는 삶의 첫 번째 현장은 세상이 아니라 교회입니다(롬 12:3~13). 그다음 세상 즉 가정, 학교, 직장으로 확장됩니다. 그러므로 성도들의 설교 이해와 적용에 대한 장로들의 확인 역시 이와 관련되어야 합니다. 이런 점에서 심방은 매우 섬세한 목회 사역이며 고도의 신학적 분별이 필요합니다. 단순히 어느 집에 방문하여 성경 한 구절 읽고 축복 기도 한 뒤 커피 한 잔 마시고 떠나는 차원의 것이 아닙니다. 하늘에 계신 우리 주 예수 그리스도께서 성령과 지혜가 충만한 장로들을 통해 그 가정을 방문하고 계심을 가시적으로 보여주는 사역입니다. 당회는 성경의 원리와 그 교회/성도들의 형편을 세심하게 고려하여 심방을 위한 질문들을 준비해야 합니다.

필자가 봉사하는 교회는 미조직교회, 즉 당회가 조직되어 있지 않은 교회입니다. 그만큼 약한 교회라는 뜻입니다. 우리는 피치 못할 사정으로 심방을 두 종류로 나누어 시행합니다. 당회가 있는 교회는 이보다 더 견고하게 심방을 계획하고 시행할 수 있을 것입니다.

| 매주 심방

첫 번째는 성찬에 참여하는 교인들을 대상으로 전화로 매주 확인하는 심방입니다.[3] 한 사람당 약 30분이 소요됩니다. 이때 심방을 받는

---

2) "너희의 드릴 영적 예배니라[τὴν λογικὴν λατρείαν ὑμῶν(텐 로기켄 라트레이안 휘몬)]" 를 직역하면, "너희의 분별 있는(rational/reasonable) 예배"입니다.
3) 교리문답반의 경우 매주 만나 점검하는 내용들이 있으므로 한 달에 1회 시행합니다. 비 신앙고백자의 경우에도 한 달에 1회 시행합니다. 교리문답반보다 어린 언약의 자녀에게는 부모가 가정 경건회, 설교와 강의 피드백, 주일예배 준비, 개인 성경읽기와 기

사람이 주로 말을 많이 해야 합니다.

말씀 이해와 적용

1. 주일 오전예배가 본인에게 은혜가 되었습니까? 설교를 경청하고 잘 이해했습니까? 이를 어떻게 적용하고 있습니까?

2. 주일 오후예배가 본인에게 은혜가 되었습니까? 설교를 경청하고 잘 이해했습니까? 이를 어떻게 적용하고 있습니까?

3. 수요기도회가 본인에게 은혜가 되었습니까? 교회의 기도제목으로 기도할 때, 함께 기도함으로 동참했습니까? 강의를 경청하고 잘 이해했습니까? 이를 어떻게 적용하고 있습니까?

가정별/개인별 예배 준비와 점검, 경건의 시간

4. 교회가 공지하는 성경읽기와 기도를 매일 어떻게 실천하고 있습니까?

5. 주일 밤에 가정에서 모여[4] 피드백을 했습니까?

6. 주일예배 안내를 따라 토요일에 가정에서 모여 예배 준비를 했습니까?

7. 주중에 가정 경건회를 어떻게 시행했습니까?

주중 생활 전반

8. 주중 생활 가운데 특별한 일이 있습니까? 어려운 일은 없습니까?

9. 특별히 교회의 지도와 감독을 받아야 할 사안이 있습니까? 알려야 할 사안이 있습니까?

10. 특별히 기도 부탁할 사안이 있습니까?

도 등을 통해 지도합니다.
4) 개인 출석자는 가정에서 모이는 대신 혼자서 합니다. 이하의 질문들 역시 동일합니다.

| 방문 심방[5]

두 번째는 모든 교인의 가정을 목사가 직접 방문하여 확인하는 내용입니다.[6] 당회가 있는 교회는 장로들이 짝을 이루어 방문하는 것이 유익합니다. 특히 이성을 만날 때는 더욱더 그러합니다.[7]

한 주에 한 가정 또는 두 가정으로 충분합니다. 그 이상은 효과적인 심방을 하기 어렵습니다.[8] 목사가 무리한 심방 일정을 강행하면 설교와 교육을 준비할 시간을 확보하지 못합니다. 특히 목사의 건강에 적신호가 오면 양무리 전체가 타격을 입습니다. 다스리는 장로가 무리한 심방 일정을 강행하면 자신의 집을 다스리기 힘들어집니다. 특히 다스리는 장로들은 비전임part-time 사역자이므로 더욱더 그러합니다.

심방 계획과 일정을 연초에 공지합니다. 그리고 심방 일정을 시작하기 전에 심방이 가능한 날짜를 게시하고, 가정별로 심방을 받을 날짜를 신청하게 합니다. 심방 신청이 끝나면 전체 교인에게 심방 일정을 공지합니다. 피 심방자는 특별한 사유 없이 심방을 거절하면 안 됩니다. 바쁜 일정 때문이라면 당회와 조절하여 반드시 심방을 받아야 합니다. 간혹 심방을 받지 않는 조건으로 교인으로 등록하겠다는 조건부 등록 신청자가 있습니다. 당회는 이런 사람을 거절하는 용기와 단호함을 가져야 합니다. 당회의 심방이 없이도 신앙생활이

---

5) 당회가 없는 저의 목회 일정으로 인해 매년 시행하지 못하고 현재 2년에 한 번 시행하고 있습니다.
6) 가정에 직접 방문하기 힘든 사람은 목양실에서 만나 심방합니다.
7) 필자가 봉사하는 교회는 당회가 없으므로 남자 서리집사 1명을 대동하여 방문합니다. 3명의 남자 집사들이 순번을 정해 교대로 함께 합니다. 심방의 증인이 필요하며, 또한 여성 교인을 목사 혼자 만나지 않기 위해서입니다.
8) 부교역자 시절, 하루에 열세 가정을 심방한 적도 있습니다. 하지 않는 것보다는 유익하지만, 소위 '어장관리' 이상의 효과를 내기 힘듭니다.

가능하다고 생각하는 것은 그리스도의 찾아오심이 없이도 그분과 교제할 수 있다고 생각하는 것과 같습니다.

이 심방에는 부모뿐 아니라 언약의 자녀까지 참여합니다. 먼저 가정 전체가 모여 간단한 권면을 받습니다. 그다음, 가족 구성원 전체의 영적 상태를 일일이 확인하고 권면합니다. 때때로 책망과 교정이 필요합니다. 이때 당회는 심방 받는 가정의 자녀가 보거나 듣는 자리에서 부모의 권위를 훼손하지 않도록 주의해야 합니다. 부모에게 책망하고 교정할 내용이 있더라도 자녀를 다른 방에 있게 한 뒤에 해야 합니다.

일반적으로 이 심방에서 가장 소외되는 사람은 바로 목사 자신과 목사의 가정입니다. 목사의 아내는 심방하는 직분자가 아니라 심방을 받아야 하는 성도입니다. 장로의 권면과 교정, 교회의 도움을 필요로 하는 양입니다. 개척을 시작하거나 건덕상 필요할 때 외에는 목사의 아내가 심방하는 일이 없어야 합니다. 개척 당시의 습관이 평생 몸에 배어 목사의 아내가 당회원 이상의 직무를 수행하는 경우가 허다합니다. 잠깐의 유익이 있을지 몰라도 결국에 가서는 당회의 권위를 허물어버립니다. 목사의 자녀 역시 당회의 심방을 받아야 합니다. 장로들은 목사의 가정을 심방하는 것에 대한 부담을 신앙으로 극복해야 합니다. 목사에 대한 개인적인 불만을 가족에게 쏟아서는 안 됩니다. 목사 자신도 장로들의 심방을 필요로 합니다. 장로들 역시 마찬가지입니다. 목자의 직무를 맡은 사람들도 예수 그리스도의 양들이기 때문입니다.

방문 심방에는 좀 더 세밀한 점검과 확인, 그리고 권면이 필요합니다. 필자의 경우, 처음 심방할 때는 몇 가지만 점검했는데도 벌써 몇 시간이 흘러버렸습니다. 구성원의 수가 많은 가정에서는 시간의 압

박이 더욱더 심합니다. 짧게 할 때는 세 시간, 길게 할 때는 여섯 시간이 걸렸습니다.

이 때문에 심방의 방법을 바꾸었습니다. 점검해야 할 질문들을 피심방자가 미리 작성하여 심방 2주일 전까지 제출합니다.[9] 저는 가정을 방문하기 전에 이를 상세히 읽습니다. 그리고 그것을 참고하되 매주 피 심방자의 영적 상태를 살펴온 바에 따른 권면을 심방 전에 미리 작성합니다. 피 심방자 거의 대다수는 가정을 방문하기 전, 심방 질문에 대한 답변을 작성하면서 이미 영적으로 상당한 변화가 되어 있었습니다. 이는 목사와 장로의 심방뿐 아니라 피 심방자의 준비 역시 중요하다는 사실을 보여줍니다. 당회는 피 심방자의 예민한 답변 내용과 상황을 당회원이 아닌 사람들에게 함부로 공개해서는 안 됩니다. 목사와 장로가 이 점에 있어서 신뢰를 보여주지 못하면 피 심방자 역시 자신을 정직하고 투명하게 공개하지 않습니다. 필자가 봉사하고 있는 로뎀장로교회가 방문 심방 중에 점검하고 지도하는 내용은 다음과 같습니다.

예배생활

1. 토요일에 주일예배를 어떻게 준비합니까?

   (기도, 사모하는 마음, 예배 안내와 설교 본문 읽기, 헌금 준비 등)

2. 예배에 얼마나 빠짐없이, 그리고 얼마나 적극적으로 참여합니까?

3. 예배의 각 요소의 의미를 이해하고, 순서 하나하나에 집중합니까?

4. 예배를 위해 주중과 주말에 어떻게 준비합니까?

---

9) 가능한 한 단답형으로 대답하지 않는 질문이어야 합니다. 가정 구성원 전부가 각각 작성하되, 나이가 어려 작성하기 힘든 유치부의 경우에는 부모가 자신의 것을 작성할 때 함께 적습니다. 초등학생의 경우에는 부모의 도움을 받아 작성합니다.

5. 예배 중 설교에 대한 이해와 은혜의 정도가 어떠합니까?
6. 예배와 설교의 집중도는 어느 정도입니까?
7. 설교가 주중의 삶에 얼마나 영향을 미칩니까?
8. 성찬을 위한 준비(심방 포함)와 그 후의 삶의 변화가 있습니까?
9. 본인의 예배생활에서 가장 방해되는 요소는 무엇입니까?
10. 예배생활을 위해 본인이 개선해야 할 점이 있습니까?

성도의 교제와 교회생활

11. 교제가 잘 되는 성도는 누구입니까? 왜 그렇습니까?
12. 이제까지 교제를 잘하지 못한, 또는 못하고 있는 성도가 있다면
    누구입니까? 왜 그렇다고 생각하십니까?
13. 교회생활을 통해 받은, 또는 받고 있는 유익이 무엇입니까?
14. 교회생활에서 본인이 개선해야 할 점이 있다면 무엇입니까?

헌금과 재물

15. 헌금을 준비하고 드리면서 기쁨을 얼마나 누립니까?
16. 성경적인 헌금의 원리에 합당하게 최선을 다해 헌금합니까?
17. 성경적 재물관을 얼마나 실천합니까?
18. 사치와 낭비하는 생활이 얼마나 됩니까?
19. 성도들과의 나눔에 인색한 모습이 있습니까?
20. 재정적으로 필요한 부분과 어려움이 있습니까?

가정

21. 가족과 얼마나 자주, 그리고 얼마나 깊이 대화합니까?
22. 주일예배 피드백을 어떻게 하고 있으며, 가정에 어떤 변화가 있

습니까?

23. 주중 가정 경건회를 어떻게 하고 있으며, 가정에 어떤 변화가 있습니까?

24. 부부간에 서로 소통하며 성도의 교제를 충분히 누리고 있습니까?

25. 부부간에 서로 사랑하며 존중하는 모습이 나타납니까?

26. 부모와 자녀 사이의 질서가 얼마나 바르게 서 있습니까?

27. 자녀가 불순종할 때, 어떻게 훈육합니까? 부모가 훈육할 때, 어떤 자세로 대합니까?

28. 자녀의 예배생활, 경건생활을 어떻게 교육합니까?

직장과 학교

29. 노동(공부)을 통해 기쁨과 보람을 얼마나 누리고 있습니까?

30. 직장(학교) 동료(상사, 부하직원, 친구, 선후배)와의 관계는 어떻습니까?

31. 직장(학교) 동료들을 얼마나 사랑하고 있습니까?

32. 본이 되며, 선교의 사명을 수행하고 있습니까?

개인 경건

33. 교회가 매일 공지하는 '개인 성경읽기와 기도'를 얼마나 빠짐없이, 그리고 얼마나 꾸준히 하고 있습니까?

34. 교회가 공지하는 성경읽기 외에 개인적으로 성경을 얼마나 읽습니까?

35. 교회의 기도제목으로, 그리고 개인의 기도제목으로 꾸준히 기도하고 있습니까?

36. 최근 개인 신앙생활에 변화가 있습니까?

37. 교회의 정체성과 사명을 얼마나 잘 이해하고 있습니까?

38. 이를 위해 어떤 준비와 노력을 하고 있습니까?

39. 자신의 은사 또는 재능을 계발하려고 얼마나 노력합니까?

40. 사명과 어떤 관계를 맺으며 이렇게 하고 있습니까?

41. 당회와 집사들에게 부탁하고 싶은 것이 있습니까? 기도제목을 부탁해도 괜찮습니다.

신앙도서

42. 필독서와 권장도서, 참고도서를 읽으려고 얼마나 노력합니까?

43. 읽기 전과 읽은 후의 차이점은 무엇입니까?

44. 필독서와 권장도서 중 몇 권을 완독했습니까?

45. 완독하지는 못했으나, 절반 이상 읽은 도서는 몇 권입니까?

46. 잘 읽고 있지 않다면 그 이유가 무엇이라고 생각합니까?

당회의 권면

1. 미리 준비한 내용을 읽어주어 받아쓰게 하거나, 인쇄한 종이를 주어 함께 읽고 권면합니다.

2. 방문 심방 중에 질문 또는 요청이 있을 때, 그 자리에서 대답하고 권면합니다. 사안에 따라 어떤 것은 신중히 검토한 후 나중에 대답합니다.

기도

심방자가 피 심방자 가정(또는 개인)을 위해 기도합니다.

부록 2

목사 임직식 유감

성경에 의하면, 디모데는 장로들의 회(會)에서 안수를 받아 목사로 임직했습니다.

> "네 속에 있는 은사 곧 장로의 회에서 안수 받을 때에 예언으로 말미 암아 받은 것을 조심 없이 말며"(딤전 4:14)

개혁교회는 이 구절의 "장로의 회"를 당회로 봅니다. 그래서 개체 교회의 당회가 목사 임직식을 주관합니다. 반면, 장로교회는 "장로의 회"를 '노회'로 해석합니다. 그래서 노회가 목사 임직식을 주관합니다. 이 구절에서의 "장로의 회"가 당회를 가리키는지 아니면 노회를 가리키는지에 대해서는 결론을 내리기 힘듭니다. 견해차가 있으나 개혁교회는 장로교회를 존중하며, 장로교회 역시 개혁교회를 존중합니다. 심지어 자매 관계를 갖기도 합니다. 이는 개혁교회의 성도가 자매 관계에 있는 장로교회로 이명할 수 있으며, 그 역으로도 가능하다는 뜻입니다. 이 양쪽의 공통점은 목사를 임직할 때 '장로들의 회'가 그를 안수하여 공적으로 임직한다는 점입니다. 이 점에 대해서는 16세기 개혁자 칼빈 역시 매우 강조했습니다.[1]

---

1) *기독교강요*, 4.3.16; 4.4.15.

'노회'는 '장로들의 회(會)' 즉 '장로회presbytery'의 줄임말입니다. 한문을 상용할 때에는 두 글자로 줄여도 이해하기 쉽지만, 지금은 그렇지 않습니다. 장로교인 중에도 '노회'가 '장로회'라는 사실을 모르는 사람이 허다합니다. 심지어 노회원 중에도 그런 사람들이 있습니다. 이제는 '장로회'라는 세 글자로 하는 편이 훨씬 이해하기 쉽습니다.

노회는 상설회입니다. 그러나 특별히 전 노회원이 한자리에 모일 때 목사 임직식을 거행합니다. 이는 임직의 공교회적 성격을 보여줍니다. 목사가 '장로들의 회'의 일원이며, 신학과 신앙의 일치 속에서 사역할 사명을 받았다는 뜻이기도 합니다. '장로들의 회'가 목사를 임직했으므로 그 목사는 노회의 감독하에 있습니다. 성경과 신앙고백에 근거하여 서약했으므로 그는 성경과 신앙고백 위에 서 있어야 합니다. 교회의 청빙을 받았으므로 그는 청빙 받은 교회에 매여 있습니다. '장로들의 회'인 노회에서 안수받아 임직했으므로 그는 자신이 속한 노회에 매여 있습니다. 어떤 목사가 다른 지역으로 시무지를 이동할 때, 노회가 이명서를 발부하는 이유가 바로 여기에 있습니다.

그렇다면 목사 임직식에 참석하여 그 전 과정을 지켜봐야 할 사람들이 누구입니까? 임직하는 당사자의 가족과 친족입니까, 아니면 노회원입니까? 노회원입니다. 친족 중 단 한 명도 참석하지 않아도 그 목사의 임직은 합법적입니다. 그러나 노회원 없이 임직식을 거행하면 불법입니다. 노회는 목사의 임직식을 주관할 뿐 아니라 노회원들이 증인으로 참석한 공적인 자리에서 그를 말씀의 봉사자로 세우기 때문입니다.

어떤 집단이 교회인지 아닌지를 판가름하는 기준을 '교회의 표지

signs'라 부릅니다. 이 표지는 성경에 근거한 설교와 성례와 권징입니다. 이 일은 '장로들의 회'가 있어야만 가능합니다. 나아가 목사 없이는 표지의 시행이 불가능합니다. 목사가 있어야 표지가 시행되며, 교회가 건설됩니다. 따라서 노회의 목사 임직은 예수님의 지상대명령에 대한 가장 본질적인 순종입니다. 목사 임직은 당사자에게 큰 영예요 축하할 일이지만, 개인적인 사안이 아닙니다. 친족들의 행사가 아닙니다. 그리스도께서 그분의 몸 된 교회를 건설하기 위해 노회에게 위임하신 가장 큰 직무요 사명 중 하나입니다.

그러나 슬프게도, 최근 목사 임직식은 당사자와 친족, 노회 임원들과 순서를 맡은 사람들에게만 중요한 행사로 점점 변모해가고 있습니다. 노회원 중 다수가 임직식에 참석하지 않습니다. 개인의 행사처럼 여기기 때문입니다. 몇 년 전, "잠시 정회하고 목사 임직식을 하겠습니다."는 사회자의 말을 들은 적 있습니다. 아마도 순간적인 실수였으리라 생각합니다. 그러나 당시 누구도 그 말에 문제를 제기하지 않았습니다(저 역시 말할 용기를 내지 못했습니다. 사람의 눈을 더 두려워했기 때문입니다). 목사 임직식을 진행하는 동안 노회원의 1/3도 참석하지 않았습니다. 한번은 "친척들이 앉게 노회원들은 자리를 양보해주십시오."라는 공지를 들은 적도 있습니다. 목사 임직식의 증인은 임직하는 자의 친척이 아니라 노회원들입니다. 친족을 배려하되 그들이 노회원의 자리를 빼앗거나 대신하게 해서는 안 됩니다.

노회의 목사고시에 합격한 사람은 임직 시에 안수를 받습니다. 안수는 성경에서 전가와 위임, 그리고 동일시함identification을 뜻하는 상징적인 행위입니다. 임직 후 그 목사는 해당 노회의 일원이 됩니다. 이 때문에 노회원 중 동료 목사가 그에게 안수합니다. 노회의 목사 외에 다른 사람이 안수하면 안 됩니다. 임직자의 부모, 친족 중 목사가 있어도 그가 그 노회원이 아니라면 이 임직식에서 안수할 자격이 없습니다. (심지어 같은 교단이라 할지라도) 타 노회 소속의 목사 역시 이 임직식에서 안수해서는 안 됩니다.

모세는 하나님의 지시에 따라 여호수아에게 안수하여 자신의 후계자로 세웠습니다. 이때 그는 여호수아를 제사장과 온 회중 앞에 세워 안수했습니다(민 27:18~23; 신 34:9). 열두 사도는 예루살렘 초대 교회의 온 회중 앞에 스데반과 빌립 등 일곱 사람에게 기도하고 안수하여 그들을 직분자로 세웠습니다(행 6:2~6). 이는 안수와 임직의 공교회적 성격을 보여줍니다. 이 때문에 노회가 목사를 임직하더라도 그 노회에 속한 모든 교회가 공적으로 이를 받은 것입니다. 노회원들은 임직식에 참석하여 증인이 됨으로, 자신을 노회로 파송한 개체 교회가 위임한 공교회적 직무를 이행해야 합니다. 그리고 개체 교회에 돌아가 이 사실을 공지해야 합니다.

몇 년 전까지만 해도, 목사 임직식이 끝나면 선배 목사님 중 한두 분이 발언했습니다. 임직식 때 별다른 이유 없이 자리를 비운 회원들을 노회장이 엄중히 꾸짖어야 한다고 말입니다. 이제는 선배 목사님들의 이런 사랑의 책망이 점점 사라져가고 있습니다. 동등한 노회원의 자격으로 앉아 있는 부목사들이 노회 중에 아무 말 없이 집으로 돌아가는 일이 속출하고 있습니다.

부활·승천하신 예수님께서는 하늘 보좌에 앉으셨습니다. 그리고 며칠 뒤 모든 신자들에게 성령을 부어주셨습니다. 하늘에 올라 보좌에 앉으심으로 하늘의 질서가 새롭게 개편되었습니다. 성령을 부어주심으로 아담의 죄로 더럽혀진 이 땅이 새롭게 되었습니다. 예수님의 성육신으로 하늘이 땅에 내려왔고, 그분의 승천으로 땅에 있는 우리가 하늘에 함께 앉은 자가 되었습니다(엡 2:6). 낮아지고 높아지신 예수님으로 인해 하늘과 땅이 통일된 것입니다(엡 1:10). 그것이 끝이 아닙니다. 성령 받은 사도들과 장로들이 땅 위에서 모일 때, 하늘의 회의가 '장로들의 회' 가운데 진행되었습니다. 땅에서의 결의가 하늘의 결의가 되었습니다. 땅에서 매고 푸는 것이 하늘에서 매고 푸는 열쇠가 되었습니다(행 15:22~16:5; 참고. 마 16:18~19; 18:15~20; 요 20:23). 그러니 땅에 있는 노회가 기도하고 안수하여 임직하지만, 하늘에 계신 하나님께서 목사를 세우십니다(행 20:28). 노회를 통해 하늘에서 이루어지던 하나님의 뜻이 이 땅 위에서도 이루어집니다. 하나님의 구속 계획과 경륜이 이 땅 위에 아로새겨집니다. 하나님께서는 치리자들의 회(會)를 하나님의 회(會)로 여기십니다(시 82:1,6). 노회원들은 이 중요한 자리에 앉아 있습니다.

이제 선배 목사님들보다 후배 목사님들의 수가 세 배쯤 많아졌습니다. 그래서인지 후배 목사님들로부터 전화나 이메일email 또는 카톡을 종종 받습니다. 이런 질문이 많습니다.

"목사님, 한국 교회가 말씀에서 점점 멀어져가는 것 같습니다. 공교회성이 점점 사라져가는 것 같습니다. 어떻게 하면 좋겠습니까?"

저 자신부터 앞가림을 제대로 못 하기에 답변이 궁색합니다. 그러나 이 말만큼은 꼭 하고 싶습니다.

"주 안에서 사랑하는 목사님, 노회 때 자리를 지키십시오."

성구색인